JUNGONG WENHUA CHUANCHENG
FAZHAN YANJIU

军工文化传承发展研究

成 森 李林英 编著

北京理工大学出版社
BEIJING INSTITUTE OF TECHNOLOGY PRESS

版权专有　侵权必究

图书在版编目（CIP）数据

军工文化传承发展研究/成森，李林英编著．—北京：北京理工大学出版社，2020.11

ISBN 978－7－5682－9221－4

Ⅰ. ①军… Ⅱ. ①成…②李… Ⅲ. ①军工厂－企业文化－研究－中国 Ⅳ. ①F426.48

中国版本图书馆 CIP 数据核字（2020）第 217284 号

出版发行／北京理工大学出版社有限责任公司
社　　址／北京市海淀区中关村南大街 5 号
邮　　编／100081
电　　话／(010) 68914775（总编室）
　　　　　(010) 82562903（教材售后服务热线）
　　　　　(010) 68948351（其他图书服务热线）
网　　址／http：//www.bitpress.com.cn
经　　销／全国各地新华书店
印　　刷／保定市中画美凯印刷有限公司
开　　本／710 毫米×1000 毫米　1/16
印　　张／12　　　　　　　　　　　　　　　责任编辑／申玉琴
字　　数／158 千字　　　　　　　　　　　　 文案编辑／申玉琴
版　　次／2020 年 11 月第 1 版　2020 年 11 月第 1 次印刷　责任校对／周瑞红
定　　价／58.00 元　　　　　　　　　　　　 责任印制／李志强

图书出现印装质量问题，请拨打售后服务热线，本社负责调换

前　言

在我国，军事工业主要是指为国防建设服务，直接为军队提供武器装备和其他军需物资的工业部门和企业等单位；为军队科研生产提供武器装备的科技工业体系为国防科技工业，国防科技工业常简称为军工。我们研究的军工文化，是中国共产党领导下的人民军工在发展中形成的文化。我们研究的军工文化传承发展是中国特色社会主义新时代的人民军工文化的传承发展。全书分为四篇。

第一篇论述军工文化的产生与发展。在回顾广为人知的历史事件和代表人物的同时，明晰了从人民兵工的诞生到新中国国防科技工业的成长路程，明确了军工文化的溯源要从中国共产党诞生与"红船精神"开始。不忘初心，才能守正以远、创新发展。

第二篇论述军工文化的内涵要义。军工文化是国防科技工业的内在组成部分，也是国防科技工业的标志性内容呈现。传承发展军工文化需要系统把握军工文化结构，从精神文化、行为文化和物质文化多层面深入系统学习领会。

第三篇论述军工文化的时代要求。在世界进入百年未有之大变局和中国进入特色社会主义新时代的大背景下研究军工文化的传承发展有着重要意义。在认真研读有关习近平中国特色社会主义思想资料的基础上，聚焦军工文化，阐发构建强国梦、强军梦的时代要求。

第四篇论述军工文化的传承发展。新时代国防科技工业以中国梦、强军梦为追求，自主创新，跨越发展，提出军工文化传承发展的系统实施问题。

全书以习近平新时代中国特色社会主义思想为基底，深入思考如何在新时代传承发展军工文化，以期为高校思政课和军工教育研究提供参考。本书注意知识性和思想性的结合，寓丰于约、寓事于论、寓情于理、寓深于浅，立体剖面阐释军工文化的来由、内涵要义、自信、传承、创新、发展，同时为使用者留有一定拓展学习研究的余量。

本书是作者在长期工作研究积累的基础上撰写而成的，由于是首次进行这样的尝试，水平有限，文中难免有不妥与不足之处，敬请读者指正。本书的编写参考了一些专家学者的论著，北京理工大学马克思主义学院的李赫亚、孙利、戴贝钰、宋姗姗等老师参加了有关编写工作，在此一并表示感谢。

目 录

第一篇 军工文化的产生与发展 ·················· 1
  一、革命战争年代 ·················· 1
    (一) 中国共产党的诞生与"红船精神" ·················· 1
    (二) 党领导建立人民军队 ·················· 5
    (三) 党领导建立人民兵工厂 ·················· 10
    (四) 党领导建立军工科技教育机构 ·················· 16
    (五) 人民兵工的红色基因特性 ·················· 20
  二、中华人民共和国成立后 ·················· 22
    (一) 创建国防科技工业体系 ·················· 23
    (二) 常规武器装备体系初步建立 ·················· 24
    (三) 战略武器装备研制成功 ·················· 27
  三、建设中国特色社会主义时代 ·················· 30
    (一) 国防科技工业改革发展 ·················· 30
    (二) 军工能力体系跨越发展 ·················· 35
    (三) 武器装备体系跨越发展 ·················· 38
  四、军工文化体系的形成与发展 ·················· 41
    (一) 凝练红色文化 ·················· 41
    (二) 吸纳传统优秀文化 ·················· 43
    (三) 研究借鉴外来先进文化 ·················· 45

第二篇 军工文化的内涵要义 ·················· 48
  一、军工精神文化 ·················· 48
    (一) 军工精神文化的典型 ·················· 48
    (二) 军工精神文化的内涵要义 ·················· 51
    (三) 军工精神文化的哲学境界 ·················· 62
  二、军工行为文化 ·················· 65
    (一) 军工行为文化的典型 ·················· 65
    (二) 军工行为文化的内涵要义 ·················· 70

（三）军工行为文化的哲学境界 …………………………… 73
三、军工物质文化 …………………………………………………… 75
　（一）军工物质文化的典型 …………………………………… 76
　（二）军工物质文化的内涵要义 ……………………………… 84
　（三）军工文化的传播承载 …………………………………… 86

第三篇　军工文化的时代要求 …………………………………… 92
一、中国进入中国特色社会主义新时代 ………………………… 92
　（一）新时代的重大课题 ……………………………………… 92
　（二）新时代的内涵特征 ……………………………………… 96
　（三）新时代的改革开放 ……………………………………… 98
　（四）新时代的科学社会主义发展 …………………………… 102
二、中国新时代发展面临复杂国际环境 ………………………… 105
　（一）迎接全球政治格局新挑战 ……………………………… 105
　（二）迎接全球科技竞争新挑战 ……………………………… 108
　（三）迎接全球军事革命新挑战 ……………………………… 111
　（四）迎接全球文化竞争新挑战 ……………………………… 113
三、加快国防科技工业新时代创新发展 ………………………… 117
　（一）维护新时代国家安全的坚强基石 ……………………… 117
　（二）推进新时代国家创新发展的强大引擎 ………………… 120
　（三）中国新时代文化发展的中坚 …………………………… 124

第四篇　军工文化的传承发展 …………………………………… 130
一、军工文化传承发展的方位研究 ……………………………… 130
　（一）军工文化传承发展的哲学研究 ………………………… 130
　（二）军工文化传承发展的自信研究 ………………………… 135
　（三）军工文化传承发展的践行研究 ………………………… 145
二、军工文化传承发展的建设研究 ……………………………… 148
　（一）明确指导思想、目标和任务 …………………………… 148
　（二）全面推进军工文化体系建设 …………………………… 154
　（三）推进军工文化传承发展保障体系建设 ………………… 157

三、军工文化传承发展的实施研究 …………………………… 163
  （一）把握培养新时代军工人的正确方法 …………… 163
  （二）实施军工文化教育 ………………………………… 167
  （三）传承发展军工文化于青年军工人 ……………… 175
参考文献 ………………………………………………………… 178

第一篇 军工文化的产生与发展

我们研究的军工文化，是中国共产党领导下的人民军工在发展中形成的文化。传承发展军工文化首先需要了解它的"基因谱"。不忘初心，才能守正以远，创新发展。

一、革命战争年代

从人民兵工的诞生到新中国国防科技工业的成长壮大，始终贯穿着红色基因的传承、创新。

（一）中国共产党的诞生与"红船精神"

没有中国共产党的诞生，就没有人民兵工。没有"红船精神"，就没有人民兵工精神的诞生和发展。我们研究军工文化，其溯源要从中国共产党诞生与"红船精神"开始。

1. 中国共产党的诞生

俄国"十月革命"后，马克思主义在中国得到广泛传播。1919年爆发的"五四运动"是中国近代史上划时代的事件，也是新民主主义革命阶段的开端，这场反帝爱国运动促进了马克思主义在中国的传播及其与中国工人运动的结合，为中国共产党的成立做了思想和干部上的准备。李大钊、陈独秀、毛泽东等人接受了马克思主义，并与工人运动结合起来，他们深入工人群众宣传马克思主义和革命道理，在北京、上海、武汉、长沙、广州、济南等地和日本、法国成立早期党组织，这些工作进一步推动了马列主义与中国工人运动的结合，催化了正式成立中国共产党条件的成熟。

1921年7月，中国共产党第一次全国代表大会在上海市召开，后转移到浙江省嘉兴南湖的一条游船上。会议宣告了中国共产党的诞生，确定党的名称是中国共产党，党的性质是无产阶级政党，党的奋斗目标是以无产阶级革命军队推翻资产阶级的政权，消灭资本家私有制，由劳动阶级重建国家，承认无产阶级专政，直到阶级斗争结束，即直到消灭社会的阶级区分，党的基本任务是从事工人运动的各项活动，加强对工会和工人运动的研究与领导，党的组织规定是在全党建立统一的组织和严格的纪律，地方组织必须接受中央的监督和指导等。会议选举党的领导机构为中央局。会议通过的《关于当前实际工作的决议》确定党成立后的中心任务是组织工会和教育工人，领导工人运动，对党领导工人运动的任务、方针、政策和方法提出了规定或要求。

中国共产党从成立之日起，就把实现共产主义作为党的最高理想和最终目标，义无反顾肩负起实现中华民族伟大复兴的历史使命，使历经磨难的中华民族开始结束内忧外患、积贫积弱的悲惨命运，不可逆转地开启了不断发展壮大、走向复兴的历史进程。

2."红船精神"

中国共产党在浙江嘉兴南湖的红船上诞生，中国革命的航船从这里扬帆起航。2005年6月21日，时任浙江省委书记的习近平同志在《光明日报》发表文章《弘扬"红船精神"走在时代前列》，首次提出并阐释了"红船精神"，提炼了中国革命的源头精神，完善了中国共产党革命精神史的建构，呈现了完整的中国共产党人的精神谱系。我们研究军工文化，其溯源要从中国共产党诞生与"红船精神"开始。"红船精神"是在中华民族内忧外患、社会危机空前深重的特定社会历史条件下产生的，它集中体现了中国共产党的建党精神，是中国革命精神之源。"红船精神"见证了中国共产党"开天辟地、敢为人先"的创立史，开启了中国共产党"坚定理想、百折不挠"的奋斗史，蕴含了中国共产党"立党为公、忠诚为民"的初心。

中国共产党成立以前，中国有各种救国方案。农民阶级提出《资政新篇》的治国方案，洋务派主张"中体西用"的思想，资产阶级维新派提出走君主立宪之路，资产阶级革命派发动辛亥革命，提出走资本主义民主革命道路，资产阶级实业派提出"实业救国"的思想，还有无政府主义等思想，各种各样的方案，但都失败了，都没能够挽救危亡的中国，都没能改变中国半殖民地半封建社会的性质。只有中国共产党坚定地创新性选择了马克思列宁主义，这是一个全新的选择，体现了中国共产党"开天辟地、敢为人先"的首创精神。中国共产党的诞生使中国革命有了坚定的理想信念和强大的精神支柱。中国共产党以无产阶级革命军队推翻资产阶级政权，消灭资本家私有制，由劳动阶级重建国家，承认无产阶级专政，直到阶级斗争结束，即直到消灭社会的阶级区分为目标，充分体现了中国共产党"坚定理想、百折不挠"的奋斗精神。中国共产党近百年的发展历程，不忘初心，牢记使命，以全心全意为人民谋幸福为根本宗旨，一切依靠人民，一切为了人民，不怕牺牲，英勇奋斗，争取胜利，充分体现着"立党为公、忠诚为民"的奉献精神。"红船精神"的深刻内涵伴随着中华民族伟大复兴的历史进程，成为实现中华民族解放和伟大复兴的精神支撑。

3. "红船精神"的意义

"红船精神"是中华民族发展史上一座永不褪色的精神丰碑。在中国特色社会主义进入新时代，中国共产党人处于"两个一百年"历史交汇的新起点之际，习近平同志带领中共中央政治局常委专程赴上海和嘉兴，瞻仰中共一大会址和南湖红船这两个标志中国革命原点的地方，在聆听历史回响中，追寻中国共产党人的奋斗历程，破译中国共产党的精神密码，汲取不忘初心、牢记使命、不竭奋斗、创造人民美好生活的智慧和力量。

"红船精神"成为中国精神的基石。追昔抚今，"红船精神"是中国革命精神之源，中国共产党在历史上形成的优良传统和革命精神，无不与之有着直接的渊源。中国共产党是中国工人阶级的先锋队，同时也是中国人民和中华民族的先锋队，从"红船"扬帆起航时，就始终代表着最广大人民的根本利益，始终走在时代前列，勇当舵手，引领航向，由一个领导人民夺取政权而奋斗的党，成为一个领导人民掌握政权并长期执政的党。先进性是马克思主义政党最鲜明的特点。"红船精神"深刻地体现了中国共产党的先锋队性质，彰显了党的先进性，同井冈山精神、长征精神、延安精神、抗战精神、西柏坡精神等，一道伴随着中国革命的光辉历程，共同构成中国共产党在前进道路上战胜各种困难和风险，不断夺取新胜利的强大精神力量和宝贵精神财富。

"红船精神"是中华优秀传统文化的继承与发展。源远流长、博大精深的中华文化造就了中华民族独特的精神家园与价值追求，孕育了中国革命文化的思想资源宝库。"红船精神"正是在中国这块具有悠久历史传统和深厚文化底蕴的土地上，生长出来的珍贵精神之花，它植根于中华文化沃土，吮吸着中华文化的丰富营养而成长壮大。"红船精神"体现着求实变革的实践思维和实事求是的科学态度，是中华民族注重求实、勇于改革和创新性发展的传承。"红船精神"体现"立党为公、忠诚为民"的奉献精神与为广大人民谋利益的价值观，是对中国"民为邦本，本固邦宁"等传统民本思想的创造性转化与创新性发展。"红船精神"所蕴含的"理想坚定、百折不挠"的精神是中国传统文化中"自强不息"精神和"天下兴亡，匹夫有责"担当意识的思想升华。

"红船精神"是中国赢得未来的动力源泉。立党为公，忠诚为民，一切依靠人民，一切为了人民，其灵魂，深刻地体现了马克思主义群众观和群众路线，体现了"人民至上"的马克思主义价值观和全心全意为人民服务的价值追求，与中国共产党的性质、目的、宗旨、使命紧密相连，是中国共产党初心的思想魅力与强大生命力之所在，是衡量中国共产党人政治品质、价值追求、先进性的根本标尺。正如习近平同志在中国共产党十九大报告中所指出的："中国共产党人的初心和使命，就是为中国人民谋幸福，为中华民族谋复兴。""红船初心"深刻地反映了中国共产党人的共产主义理想信念，奠定了为中国人民谋幸福、为中华民族谋复兴的价值基石，赢得了中华儿女的价值认同，取得了最大的社会共识。"红船初心"体现了中国共产党人的根基、方向、信仰与本色，成为中国共产党长盛不衰、充满生机活力、赢得未来的动力源。因而，她才在历史的沧桑巨变中穿越时空，具有历久弥新的时代价值。不忘初心，大力弘扬"红船精神"，我们才能从中汲取丰富的精神营养与不竭动力，继续建设中国特色社会主义的伟大航程。

"红船精神"是中国文化发展的自信支柱。精神是中华民族赖以长久生存发展的灵魂。中国共产党弘扬并发展"红船精神"，在不同历史时期增添了新的内容，焕发出新的活力，以"红船精神"为源头的一系列精神集群，已经深深融入中华民族的血脉和灵魂，是中国精神、中国价值、中国力量的重要组成部分，成为文化自信的支柱。在中国共产党领导创建人民兵工和国防科技工业的过程中，正是以"红船精神"为源并加以发扬光大，从而形成了党领导的独具特色的中国军工文化。

（二）党领导建立人民军队

1924年国民党反动派的白色恐怖，使中国共产党逐步形成发动武装起义的共识，南昌起义打响了武装反抗国民党反动派的第一枪，"八七会议"确定了实行土地革命和武装起义的方针。党开始了建立人民军队的历程。

1. 人民军队的诞生

1927年8月1日，中国共产党领导部分国民革命军，在江西省南昌市举行武装起义，揭开了中国共产党独立领导武装斗争和创建革命军队的序幕。南昌起义是中国共产党直接领导的带有全局意义的一次武装起义，它打响了武装反抗国民党反动统治的第一枪，宣告了中国共产党把中国革命进行到底的坚定立场，标志着中国共产党独立地创造革命军队和领导革命战争的开始。南昌起义与之后的秋收起义、广州起义作为这段时期起义中最为重要的三次起义，极大地扩大了中国共产党的影响力，奠定了良好的群众基础，掀起了反抗国民党独裁统治的革命浪潮。南昌起义，由于指导上缺乏经验和敌人力量过于强大等主客观原因，最后招致失败，但这次起义的伟大历史功绩是不可磨灭的：它在全党和全国人民面前树立了一面鲜明的武装斗争旗帜，充分表现了中国共产党和中国人民不畏强敌、前仆后继的革命精神；党首次独立地领导战争和创立军队，对创建人民军队做出了重大的贡献。

在中国革命处于危急关头，1927年，中国共产党"八七会议"召开，正式确定了实行土地革命和武装起义的方针，并把领导农民进行秋收起义作为当时党的最主要任务。会议认为，秋收起义不应再用国民党的名义，而必须用共产党的名义来号召，并应竭力宣传和建设工农政权。"八七会议"后，中共中央派毛泽东同志改组湖南省委，领导秋收起义。毛泽东同志指出："湖南秋收暴动单靠农民的力量是不行的，必须有一个军事的帮助，我们党从前的错误是忽略了军事，现在应以百分之六十的精力注意军事运动，应实行在枪杆子上夺取政权，建设政权。"9月，秋收起义点燃了井冈山的星星之火，建立了中国工农革命军，开启了土地革命的新局面。秋收起义公开打出中国共产党领导中国革命的旗帜，进一步表明了中国共产党独立领导革命战争的决心。秋收起义开始虽然也以攻占中心城市为主要目标，但受挫后，毛泽东同志审时度势，率领秋收起义部队走上在农村建立根据地，把党的工作重点转向农村，以保存和发展革命力量的道路。参加秋收起义的工农革命军向农村转移途中，由于党组织不健全，部队思想较为混乱。到达江西省永新三湾时，中国共产党前敌委员会决定改编部队，建立各级党组织和党代表制度。党支部建在连上，班、排有小组，连以上设党代表，营、团建立党委；连以上建立各级士兵委员会，实行民主制度，在政治上官兵平等。"三湾改编"开始确立党对军队的绝对领导，是建设新型人民军队的重要开端。从秋收起义建立中国共产党前敌委员会作为最高领导机构，到"三湾改编"的"支部建在连上""营以上建立党委""党代表制度"（即政治委员制度），以及"三大纪律、八项注意""思想政治工作""士兵委员会制度""军队民主制度"等，逐渐形成自己的优良传统和重要制度。秋收起义与创建井冈山根据地，开始了全党工作重心由城市向农村的战略转移，这是中国革命具有转折意义的伟大起点，由此而开创的井冈山道路，成为中国革命道路的重要里程碑。毛泽东在领导秋收起义、开创井冈山道路过程中，不断总结经验教训，及时把新的革命实践上升为革命理论，逐步从实践上和理论上形成了土地革命、武装斗争、党的建设"三位一体"的农村包围城市、武装夺取政权的中国革命道路，同时，形成了"坚定信念、艰苦奋斗、实事求是、敢闯新路、依靠群众、勇于胜利"的井冈山精神，这条道路和井冈山精神代表了大革命失败以后中国革命的正确发展方向，引领中国革命走向胜利。

1927年秋至1928年春，中国共产党先后发动了多起起义，起义后保留下来的部队，当时叫中国工农革命军，1928年5月以后，陆续改称中国工农红军，简称"红军"。1933年7月11日，中华苏维埃共和国临时中央政府根据中央革命军事委员会6月30日的建议，决定8月1日为中国工农红军成立纪念日。从此，8月1日成为中国工农红军和后来的中国人民解放军的建军节。1937年7月7日，爆发全面抗日战争；8月25日，红军的主力部队改编为国民革命军第八路军，简称"八路军"；1937年9月11日，改称国民革命军第十八集团军。活动在江西、福建、广东、湖南、湖北、河南、浙江、安徽八省十四个地区的红军游击队集中起来，于1937年10月2日改编为国民革命军陆军新编第四军，简称"新四军"。中国共产党领导的其他军队坚持东北、华南等地敌后抗日，1946年，解放战争爆发，解放区各部队陆续改称人民解放军，编成了五大野战军。中共中央和中共中央军委于1948年11月1日做出《关于统一全军组织及部队番号的规定》，确定一律冠以中国人民解放军的称谓，随后，全军进行了统一整编。从此，中国人民解放军的响亮名称一直沿用至今。"人无魂，则惰；军无魂，则败。"几乎所有军队军人的基本信条都是忠诚，但中国人民解放军的忠诚具有特殊的内涵，就是忠于代表中国国家和人民利益的中国共产党。90多年来，这一血脉基因深深印刻在一代代官兵的灵魂深处，是我们这支军队在重大考验面前立于不败的关键所在。正如习近平同志在庆祝中国人民解放军建军90周年大会上的讲话中指出的，"南昌起义连同秋收起义、广州起义以及其他许多地区的武装起义，标志着中国共产党独立领导革命战争、创建人民军队的开端，开启了中国革命新纪元"。

2. 古田会议

古田会议是指 1929 年 12 月 28—29 日中国工农红军的红四军在福建省上杭县古田镇召开的第九次全军党代表大会，会议解决了如何把一支以农民为主要成分的军队建设成为中国共产党领导下的新型人民军队的问题，确定了着重从思想上建党和从政治上建军的原则，因此成为中国共产党领导人民军队建设史上的重要里程碑。会议认真总结了红四军建军以来的经验，批判了各种错误思想，通过了毛泽东同志代表前委起草的八个决议案，总称《中国共产党红军第四军第九次代表大会决议案》，即古田会议决议，其中第一部分是最为核心的内容，是《关于纠正党内的错误思想》。决议案明确规定了红军的性质，指出"中国的红军是一个执行革命的政治任务的武装集团"，这个军队必须是服从于无产阶级思想领导，服务于人民革命斗争和根据地建设的工具。这个规定，从根本上划清了新型人民军队同一切旧式军队的界限。从这个基本观点出发，决议案阐明了军队同党的关系，指出军队必须绝对服从党的领导，必须全心全意地为着党的纲领、路线和政策而奋斗，批评了认为军事和政治是对立的，军事不要服从政治，或者以军事来指挥政治的单纯军事观点。决议案着重强调加强党的思想建设的重要性，并从红四军党组织的实际出发，全面地指出党内各种非无产阶级思想的表现、来源及其纠正的办法。决议案在着重强调党的思想建设的同时，又指出必须加强党的组织建设，必须坚持民主集中制，反对极端民主化、非组织观点等错误倾向，并且提出了注意提高党员质量，加强各级党组织的工作等要求。

古田会议总结了红四军成立以来军队建设方面的经验教训，确立了人民军队建设的基本原则，规定了红军的性质、宗旨和任务，重申了中国共产党对红军实行绝对领导的原则，反对以任何借口削弱中国共产党对红军的领导，必须使中国共产党成为军队中的坚强领导和团结核心。古田会议决议的中心内容强调要重视加强思想政治建设，要用无产阶级思想进行党的建设和军队建设，即在经济文化落后的半殖民地半封建的中国社会，在农村革命战争的环境中，在党和军队的主要成分是农民的条件下，如何克服来自农民和小资产阶级及其他非无产阶级的思想影响，把党建设成为无产阶级先锋队，把军队建设成为无产阶级领导的新型人民军队。这是事关党的事业兴衰成败的根本性问题。古田会议决议明确了：要用马克思主义的方法去做政治形势的分析和阶级势力的估量，要注意对实际情况的调查研究，由此来决定斗争的策略和工作方法；要求党内的思想和党内生活政治化、科学化，党内开展批评要防止主观武断和庸俗化，说话要有证据，批评要注意政治，反对互相猜忌，闹无原则纠纷，破坏党的团结。古田会议决议先后在红四军和各地工农红军中贯彻执行，使中国共产党领导的军队成为一支新型的人民军队。90多年来，中国共产党领导人民军队遵循古田会议决议的原则，军队建设有了伟大的发展，积累了丰富的经验。在新时代中国特色社会主义建设征程中，古田会议决议对中国人民解放军革命化、现代化建设和建成世界一流军队都具有重要的指导意义。

3. 革命根据地的建立

1929年1月，毛泽东、朱德率领红四军主力从井冈山出发，转战赣南闽西，开创了"工农武装割据"的新局面。1930年9月中国共产党六届三中全会后，中央决定建立苏维埃中心区，中央临时政府建立在此区。1930年年底至1931年9月连续粉碎了国民党军队的三次"围剿"，使赣西南和闽西革命根据地连成一片。1931年11月7日，中华苏维埃共和国临时中央政府在江西中央苏区成立，主席毛泽东。中华苏维埃中央政府的建立，是中国共产党人创建人民革命政权的宝贵探索与尝试，作为当时全国苏维埃革命的中枢，对统一领导与加强全国苏区和红军部队的斗争及发展，发挥了重要的作用。在中央苏区内，反动阶级被推翻，人民群众成了政权的主人；深入开展的土地革命，彻底摧毁了封建所有制；经济文化事业获得发展，人民群众生活得到改善。在中央苏区这块红色土地上，中国共产党积累了治党、治军、治国和从事经济、文化建设的经验，形成了密切联系群众，自力更生、艰苦奋斗的优良传统。中华苏维埃共和国临时中央政府颁布的《中华苏维埃共和国宪法大纲》《土地法》《关于红军问题决议案》等，明确以中国工农红军作为国家的武装力量。1934年10月，中央苏区第五次反"围剿"失败，中华苏维埃共和国中央政府被迫放弃中央苏区，随中央红军主力长征。1937年9月6日，随着国共合作抗日局面的形成，中华苏维埃人民共和国中央政府西北办事处更名为中华民国陕甘宁边区政府，至此，历时5年零10个月的中华苏维埃共和国完成了历史使命。革命根据地是土地革命战争时期，由中国共产党人独立领导创建的第一个国家政体，为毛泽东思想形成和中华人民共和国的建立进行了开创性实践探索。

4. 红军长征与长征精神

1934年10月开始，历经两年，中国共产党领导中国工农红军战胜千难万险，转战14个省，完成了举世闻名的二万五千里长征，使中国革命转危为安，实现了战略转移，保存和锻炼了革命的基干力量，为开展抗日战争与发展中国革命事业创造了条件。这一壮举，是中国工农红军献给世界的英雄史诗，是中国共产党人留给全人类的恢宏乐章。这一奇迹，不仅在中华民族史册上写下了闪耀光辉的一页，更为中华儿女们留下了长征精神这一宝贵财富。正如习近平同志指出的，伟大长征精神就是：把全国人民和中华民族的根本利益看得高于一切，坚定革命的理想和信念，坚信正义事业必然胜利的精神；就是为了救国救民，不怕任何艰难险阻，不惜付出一切牺牲的精神；就是坚持独立自主、实事求是，一切从实际出发的精神；就是顾全大局、严守纪律、紧密团结的精神；就是紧紧依靠人民群众，同人民群众生死相依、患难与共、艰苦奋斗的精神。长征精神包含着"不怕牺牲、前赴后继，勇往直前、坚韧不拔，众志成城、团结互助，百折不挠"等深刻要义，是中国共产党和人民军队革命精神的生动反映，是中华民族自强不息民族精神品格的集中展示，也是人民兵工浴火重生、发展壮大的精神所在。

（三）党领导建立人民兵工厂

在"红船精神"、井冈山精神、长征精神指引下，人民军队的建立、红色政权的建立和革命根据地的建设等为中国共产党领导建立和管理人民兵工厂奠定了基础。有了中国共产党领导的兵工厂，人民军队的武器装备就有了新的来源基础。

1. 官田兵工厂

土地革命时期，党领导先后在江西、安徽、湖南、四川等地建立了修械所等兵工厂，代表性的是"中央红军兵工厂"。1931年10月，中央红军取得了第三次反"围剿"的胜利，赣南和闽西地区连成一片，中央革命根据地进一步巩固和发展。在这种新的形势下，中国共产党中央革命军事委员会决定，在原有修械所和修械处的基础上，组建一个规模较大的兵工厂，承担日益繁重的修械和弹药生产任务，成立之初，对内称呼为"中央红军兵工厂"，因厂址选在江西省兴国县莲塘区官田村，故称中央红军官田兵工厂，简称"官田兵工厂"。官田兵工厂创建初期设枪炮科和弹药科。枪炮科内设修理股、制造股、木壳股、牛皮股、刺刀股；弹药科内设炸弹股、子弹股。1932年夏，官田兵工厂在枪炮科、弹药科基础上，组建了枪炮厂、杂械厂、弹药厂。枪炮厂下设修理股、机器股和机枪股；杂械厂下设红铁股、刺刀股、木壳股和牛皮股；弹药厂下设子弹股和炸药股。官田兵工厂是当时红军最大的兵工厂，当年兵工厂生产的弹药、修配的枪支在战争中发挥了很大的作用。1933年10月底，官田兵工厂奉命迁至瑞金冈面，职工人数增加。1934年10月，除留下百余人坚持打游击外，由吴汉杰厂长所率领的108名兵工战士随红军北上长征，最终只有7人到达陕北，成为八路军兵工生产的骨干。

官田兵工厂的建立，标志着在中国共产党领导下正规兵工厂的诞生，具有重大的历史作用和深远的基础作用，体现着革命精神。在如何建设人民兵工企业上，进行了奠基性设计，在组织领导上，确立了党、行政生产、特派员、职工委员会委员长的体制。官田兵工厂直属中央军委，第一任厂长是吴汉杰，党委书记张健，特派员陆宗昌，职工委员会委员长马文，技术力量是来自沈阳和上海的技术工人。这一体制奠定了中国共产党管理军工企业的基础制度：在政治领导上，坚持党的领导，坚定正确的政治方向，坚持为打胜仗服务；在技术生产上，坚持自力更生、艰苦奋斗、勇于创新；在员工管理上，发挥职工委员会作用，保护职工正当利益；在产品质量上，发挥特派员等作用，沟通军队需求，保证符合军队战斗要求。这一党委、行政、技术生产、工会和军代表的体制至今仍然是我国军工企业的基本体制。

2. 黄崖洞兵工厂

长征的胜利、抗日革命根据地的建立，开始了党领导人民军队抗日的新征程。1938年11月，毛泽东同志在党的六届六中全会的报告中提出，"每个游击根据地，都必须尽量设法建立小的兵工厂，办到自制弹药、步枪、手榴弹的程度"。全会决定把"提高军事技术，建立必要的军火工厂，准备反击实力"作为"全中华民族的当前紧急任务"之一。根据决定，各抗战根据地建立兵工厂，其中，八路军总部于1939年5月成立军工部，7月开始在山西省黎城县深山之中的黄崖洞，正式建设八路军的兵工厂。八路军总部所属的黄崖洞工厂是创建最早、规模最大、生长能力最强的兵工厂，成为抗日根据地人民兵工的标志。黄崖洞兵工厂年产的武器弹药包括步枪、枪弹、小炮、炮弹等，有效地增强了八路军作战火力。1941年冬，日军集中5 000多人的兵力，妄图摧毁兵工厂，左权等率领特务团奋勇还击，以敌伤亡1 000余人，我伤亡160余人的战绩，创造了抗日战争史上以弱胜强的"黄崖洞保卫战"模范战例。1942—1943年，在日寇疯狂"扫荡"之下，黄崖洞兵工厂等的生产，不仅没有减少，反而有所增加，有力供给了八路军。这支既军又民、既生产又打仗的队伍，在艰苦的抗战岁月里，不仅创造了令敌丧胆、赢得胜利的武器装备，而且发扬革命精神，体现出"天下兴亡、匹夫有责的爱国情怀，视死如归、宁死不屈的民族气节，不畏强暴、血战到底的英雄气概，百折不挠、坚忍不拔的必胜信念"，生动而具体地诠释了抗日战争的太行精神，即不怕牺牲、不畏艰险，百折不挠、艰苦奋斗，万众一心、敢于胜利，英勇奋斗、无私奉献，铸就了弥足珍贵的黄崖洞精神，即以国家安危为己任的爱国主义精神，以理想信念为核心的无私奉献精神，以民族图强为特质的艰苦奋斗精神，以集成攻关为实践的科技创新精神。

黄崖洞兵工厂不但为抗日战争的胜利保证了武器供应，而且在艰难困苦的环境下，锤炼出了一大批有着红色基因的工业建设人才，传承了解放思想、实事求是、理论联系实际、自力更生、艰苦奋斗、全心全意为人民服务的延安精神。1949年后，这些人才奔赴各地，成为各级工业部门的领导骨干。80多年来，黄崖洞精神始终放射着璀璨的光芒，它所聚集的优良传统和作风，鼓舞和激励着军工人为国防现代化建设和经济建设奋力拼搏、建功立业。黄崖洞精神作为中国共产党领导下的凝聚着先进思想文化的理想信念，与"红船精神"是一脉相承的，它先进而丰富的思想内涵，灌注于历史，光照于时代，是宝贵的精神财富和强大精神动力。

3. 人民兵工厂

抗日战争至解放战争时期，按照党中央战略部署，人民兵工厂不断发展壮大，不仅工厂数量增多，而且技术水平不断提高，从军械维修发展为能生产制造轻武器。解放战争时期，是我军兵工生产的承前启后时期，无论从工厂的数量和规模，还是从生产制造武器装备产品种类和质量以及人员素质，都较解放战争时期以前的兵工生产有一个较大发展；同时，它又为我党领导新中国的兵工生产奠定了基础。

抗战时期，八路军总部军工部在晋冀豫陕根据地兴办了一批兵工厂，制造各种兵器，并在改进枪炮性能及手榴弹、地雷生产工艺等方面取得积极成果。从在山西省榆社县韩庄村筹办制造步枪的兵工厂（韩庄修械所），到建设黄崖洞兵工厂，到先后在山西、河北、河南和陕西等地建立几十家兵工厂，兵工厂得到迅速发展，为赢得抗日战争胜利做出历史性贡献。

1938年3月，胶东兵工厂的前身——修械所正式成立，工人们挑着炉担，随部队开进，负责保障修理枪支。当时的兵工生产，一没技术，二没原料，三没设备，完全是白手起家。1938年5月，修械所扩建成为胶东根据地第一个兵工厂——黄县圈杨家兵工厂。兵工厂成立不久，工人们就制造出了步枪。整个生产过程完全手工操作：枪膛是用锉刀锉、钻子钻，一点点"啃"出来的；最复杂的来复线也是用铁板扭成螺旋形的胎具，装上铣刀，捅进枪筒里来回拉转制造出来的。兵工厂成立了党支部和工会。1941年，根据地军民缴获了部分敌人的兵工厂，将其改建为根据地的兵工厂，先后改建了数个兵工分厂。1943年，成立兵工总厂，统一领导各分厂的生产工作。在此期间，各兵工厂研制出"捷克式"轻机枪、"九二式"步兵炮和炮弹等。在研制武器过程中，工人们奉献了智慧和汗水，甚至奉献了生命，为抗战做出了巨大贡献。

抗日战争一开始，淮南地区新四军为保障部队作战和日常生活需要，立即着手组建兵工厂和军需保障单位。设在安徽云岭的新四军司令部修械所具有代表性。战争年代，烽火硝烟中的兵工厂辗转各地，处于经常迁移、穿梭在深山密林之间的流动状态。兵工厂的设备也非常简陋，条件极端艰苦，由于缺少必要的试验和生产的设施保障，试验和生产兵器都是十分危险的，以吴运铎为代表的兵工人不怕牺牲、排除万难，研制生产武器装备，及时供应前线。

解放战争初期，中共中央东北局带领群众迅速建立、恢复和发展工业生产，特别是兵工生产，以支援供应全国弹药等武器装备补给，先后在黑龙江省和辽宁省等地建立了兵工企业，其中包括大连兵工企业。东北民主联军副司令萧劲光先后两次亲自到大连调查，并认为"大连建立军火生产的条件非常好"，于是向中央提出了在大连建立兵工厂的建议，并抽调技术力量支援东北。由中央、华东军区派往大连的兵工干部包括吴运铎等。1947年5月12日，建立裕华工厂的炮弹生产工厂。1947年6月初，吴运铎率领建立为炮弹配套的引爆装置工厂——宏昌工厂，随后，这两个厂与由苏方移交中方管理的化工厂、钢铁厂等工厂共同组建了我军历史上第一个大型现代化的兵工联合企业——建新公司。在1947年至1950年的4年间，建新公司等东北兵工企业生产了五十多万发炮弹等军用物资，有力支持了平津战役、淮海战役；同时，东北工业的恢复和发展，也为后来的国民经济恢复和国防科技工业发展积累了一定的经验，培养了一批干部。

4. 以吴运铎为代表的兵工人

抗日战争至解放战争时期，在人民兵工厂不断发展壮大中，涌现出千千万万个优秀的兵工人，他们是中国共产党革命精神文化的传承人。其中最具代表性的主要是吴运铎同志，他是"把一切献给党"的兵工人的光荣写照。

吴运铎，1917年出生于湖北武汉汉阳镇，家境贫寒，因家庭无力支持其读书，在读到小学四年级之后被迫辍学，曾经在江西省萍乡安源煤矿做过挑煤工，经人介绍，吴运铎进矿当了学徒，后来当了电机师傅。在这段时间里，吴运铎利用在矿上工作的有利条件，在实践中刻苦自学机械知识。抗战爆发后，吴运铎参加了新四军，后被党组织派往安徽云岭的新四军司令部修械所工作，从此，吴运铎就在极其简陋的条件里开始了他的兵工生涯。战争年代，兵工厂的设备非常简陋，条件极端艰苦，由于缺少必要的试验和生产的设施保障，试验和生产兵器都是十分危险的工作，吴运铎同志多次受伤。一次，在检修枪支实弹射击时，土造的枪管突然爆炸，致使他的左手被炸伤；一次，他的左脚被突然掉下的发动机摇柄砸伤，伤口发炎，并高烧40多度，左腿严重感染，医治时，医生只得挖去腿上腐烂的肌肉，从此，他的踝骨处留下了一个月牙形的大洞；一次，在使用报废雷管中拆取出的雷汞做击发药修复前方急需的旧炮弹时，雷管突然爆炸，导致他的左手被炸掉了4根手指，左腿膝盖也被炸开，露出膝盖骨，左眼被炸得几近失明；一次，在检查射出去的哑火炮弹时，炮弹突然爆炸，他的左手腕被炸断，右腿膝盖以下被炮弹炸劈了一半，脚趾也被炸掉一半；在一次又一次的试验和生产过程中，他的身上留下了100余处伤口，身体伤残。就是在这种条件和环境都极为简陋、常与死神相伴的兵工厂里，吴运铎同志带领同事们不怕牺牲、排除万难，制造出一批批弹药，修复、自制一批批武器，为中国革命的胜利做出了重大贡献。吴运铎同志1939年5月成为中国共产党党员，他是一名真正把一切献给党的人。他发下誓言："把我们的力量、我们的智慧、我们的生命，我们的一切，都交给祖国，交给人民，交给党！"他用实际行动诠释着自己的无悔的誓言。1949年后，吴运铎同志主持了无后坐力炮、高射炮、迫击炮和轻武器等多项武器的研究工作，为我国培养了许多兵工人才，为国防现代化奉献了毕生精力。20世纪50年代，吴运铎同志曾撰写了一部自传体小说——《把一切献给党》，记录了他与枪炮制造紧密相连的一生。这本书问世后，曾教育和激励了整整一代人。1951年10月，中央人民政府政务院和全国总工会授予吴运铎同志"全国劳动模范"称号。1991年5月2日，吴运铎同志在北京病逝。吴运铎同志感人至深的事迹和他身上体现出的老兵工人的兵工精神，感动着亿万中华儿女，激励后来者为祖国的兵工事业和祖国的强大贡献自己的力量。

（四）党领导建立军工科技教育机构

中国共产党在领导建立、发展人民兵工厂的同时，又高瞻远瞩着手建立了教育研究机构。

1. 延安自然科学院等科技教育机构

20世纪三四十年代，中国共产党在延安为中华民族的解放进行了艰苦卓绝的斗争。特别是抗日战争进入相持阶段后，面对极其严重的生存危机，中国共产党领导着以延安为中心的陕甘宁边区军民，自己动手，艰苦创业，逐渐建立了自己独立的社会政治经济教育体系，不但彻底粉碎了国民党对边区的经济封锁，而且为夺取革命胜利奠定了物质、人才和文化基础。特别是中共中央决定在延安等地创办发展教育研究机构，不仅建设了中央党校、抗日军政大学、陕北公学，还建立了自然科学院等，培养了大批革命化、知识化、专业化的人才。

中国工农红军长征到达陕北后，中共中央党校1937年进入延安，是中国共产党轮训培训党的领导干部和马克思主义理论骨干的学府。1943年3月—1947年3月，毛泽东亲任中央党校校长，他把"实事求是"确定为中央党校校训。中国人民抗日军政大学（简称"抗大"），是在抗日战争时期，由中国共产党创办的培养军事和政治干部的学校。1936年5月，为满足抗日战争的需要，中共中央决定在延安创办中国人民抗日红军大学，1937年1月，改称为中国人民抗日军事政治大学，毛泽东任抗大教育委员会主席，他为抗大规定了"坚定正确的政治方向，艰苦朴素的工作作风，灵活机动的战略战术"的教育方针和"团结、紧张、严肃、活泼"的校风。抗大不仅培养了中国工农红军中的高级干部，还招收培养了奔向延安的爱国青年。为培育革命干部，满足抗日民族解放战争的需要，中共中央于1937年7月底决定在延安创办陕北公学,学校实行党领导下的校长负责制,直属中央组织部和宣传部领导,办学宗旨和培养目标是"实施国防教育,培养抗战人才"。1937年10月,毛泽东为陕北公学题词:"要造就一大批人,这些人是革命的先锋队。这些人具有政治远见。这些人充满着斗争精神和牺牲精神。这些人是胸怀坦白的,忠诚的,积极的,与正直的。这些人不谋私利,唯一的为着民族和社会的解放。这些人不怕困难,在困难面前总是坚定的,勇敢向前的。这些人不是狂妄分子,也不是风头主义者,而是脚踏实地富于实际精神的人们。中国要有一大群这样的先锋分子,中国革命的任务就能够顺利地解决。"1939年建立延安自然科学研究院,1940年春改为延安自然科学院。延安自然科学院是中国共产党在抗日战争时期于延安创建的一所进行科学教育和科学研究的高等学校,作为中国共产党领导下创建的第一所理工科院校,延安自然科学院的办学宗旨是以"培养抗战建国的技术干部和专门技术人才为目的",培养既通晓革命理论又懂得自然科学的专业人员。学校老院长徐特立为学校所创立的学风是"实事求是,不自以为是"。延安教育研究机构不但培养了革命干部,而且对于抗战时期的革命文化发展起到了重要作用。

2. 徐特立科技教育思想

徐特立(1877—1968年),1913年,36岁时,任长沙师范学校校长;1919年,42岁时,远赴法国勤工俭学,并考察了德国等国的教育;1927年5月,50岁时,在"白色恐怖"中,毅然加入中国共产党,参加南昌起义;1934年10月,57岁时,参加了中国工农红军二万五千里长征,表现了大无畏的革命气魄;1940年任延安自然科学院院长。

徐特立院长在办学上始终把握坚定的政治方向,认为在教育理念上首先要解决"培养什么人"的问题。延安自然科学院理论联系实际,将延安精神与办学实践有机结合起来,注重马克思主义的教育,特别注重坚持解放思想、实事求是的思想路线,把反对任何形式的主观主义和教条主义放在重要位置,建立了徐特立院长所要求的"实事求是,不自以为是"的学风。"实事求是,不自以为是"闪耀着马克思主义哲学的光芒。为将艰苦奋斗、自力更生的精神深植在学员们的血脉之中,延安自然科学院开设了"边区建设理论",让学员充分明晰边区建设的各种问题;开设了"中国革命史",让学员懂得革命的意义;开设了"革命人生观",培养学员健康向上的人生观。通过这一系列课程的开设,在教育的实施中强化了艰苦奋斗、自力更生的理念。

徐特立院长坚持正确务实的办学宗旨,提出了科学教育机关、科学研究机关和经济建设机关三位一体是科学正常发育园地的思想。学校将边区与全国、现在与未来的考虑有机结合,既立足于现在,又着眼于全国。延安自然科学院从"先进的政党要把握全国科学和技术发展的方针"出发,培养战时需要和将来国家建设需要的人才。学校在教学实践中,结合实际情况,注重教学、科研、生产相互结合的办学思想,创建出一条教学、科研、生产三结合的产学研三位一体的办学之路。在极其艰苦的条件下,学校结合边区建设实际,取得了一批丰硕的科技成果。延安自然科学院产学研一体的办学思想与实践在为革命战争服务、为边区经济发展服务中符合实际情况,也立足高远;同时,这一办学思想与实践也积累了宝贵的经验,积淀了厚重的传统,为建设社会主义的新型理工科大学提供了宝贵的经验。

徐特立是我国20世纪"杰出的革命教育家"(中共第七届中央的评价)。在任延安自然科学院院长(1940—1943年)期间,针对抗战和办学实践的需要撰写了《关于教育问题与戴伯韬的谈话》《怎样学习哲学》《新民主主义教育的基本内容》《我对于青年的希望》《怎样进行自然科学研究》《怎样发展我们的自然科学》《祝〈科学园地〉的诞生》《我们怎样学习》《生活教育社十五周年》《再论我们怎样学习》《抗战五个年头中的教育》《各科教学法》《对牛顿应有的认识》等一系列论作,对中国共产党领导下的自然科学高等教育提出了独到见解。徐特立院长非常重视自然科学教育,他认为,科学是国力之灵魂,也是社会发展的标志。徐特立院长在《怎样发展我们的自然科学》中阐述了科学发展观与科技人才培养观,指出国家和政党应当将科学技术和技术的掌握摆在重要地位。

回顾延安时期党创办高等教育的历史,我们党创办高等教育起步于革命时期，面对民族危亡，中国共产党富有远见卓识地在硝烟战火之中创办了社会科学、自然科学等研究院校，为中国革命培养造就了一大批能堪重任的"民族脊梁"，体现了党早期创办高等教育的办学理念与教育方针：一是坚持革命教育方向，为民族解放事业服务；二是造就革命先锋队，培养坚定的马克思主义者；三是掌握科技知识，提高实际工作能力。这些办学理念与教育方针所体现的教育文化成为红色文化的组成部分。

3. 党培养了一批兵工专家

人民兵工是"枪杆子里出政权"的忠实践行者。革命战争时期，人民兵工没有技术、没有设备、没有厂房、没有原料，朱德总司令曾感慨地说："所有家当还没有王二麻子剪刀铺的齐全。"但人民兵工积极发挥主观能动性，创造条件，从无到有，创造了一个又一个的奇迹。延安时期，中国共产党在艰苦奋斗中，培养了一批兵工战线的管理专家、技术专家和能工巧匠。

人民兵工的创建者之一刘鼎同志，青年时赴德国勤工俭学，1940年任八路军总部军工部部长。他从战争的实际需要出发，解决了一系列技术问题，使枪、炮、弹药的品种、质量、数量都得到了迅速的发展，为八路军武器生产和供应及人民兵工的创建做出了历史性贡献。1986年，刘鼎因病去世时，《人民日报》曾如此评价："刘鼎同志是我国兵工事业的创始者和主要奠基人，在军事工业和机械工业界享有很高的威望。他的功绩将永远载入我党我军的光荣史册。"

1937年7月，"卢沟桥事变"后，报国心切的李强同志于当年年底离开莫斯科辗转至延安。理工科出身，搞过火炸药、手榴弹、无线电，加之中央特科的背景，使李强成为组建军工局的不二人选。那时的延安经济落后，交通闭塞，李强几乎是从零开始统筹兵工生产所需的物资、原料以及设备仪器，并带领技术人员造枪造炮。爱惜人才，保护知识分子的特质在此期间充分体现。他坚持"在工厂不要用管理部队的办法对待技术人员"的理念，多次强调"只要能生产出机器、武器弹药和各种所需要的产品来，要什么条件我都设法保证"。他曾担任延安自然科学院院长，为党培养提携了科技工业人才，这些人为新中国工业发展做出了贡献。

在黄崖洞等根据地兵工厂中，聚集着一大批来自海外和全国各地的高级知识分子、工程技术人员和工匠。他们为了抗日救国，远渡重洋，跋山涉水，抛弃舒适的生活，离开优越的环境，投奔到经济落后、物资匮乏、生活艰苦的根据地，将所掌握的科学知识基本原理、现代工业的基本生产技术和基本工艺模式，在抗日根据地艰苦的条件下，得到了科学而又实际的应用，创造性研制生产，提高了武器生产的质量和数量，增强了对日作战的攻击效果，谱写了人民兵工在抗日战争中科技创新的历史篇章。偕日本籍妻子一同回国的程明升，深怀民族大义和爱国情感，对枪械研制、生产和管理制度的建立做出了历史性贡献，成为黄崖洞兵工厂的创建人之一。吴运铎、刘贵福等一批老兵工人，不怕牺牲，勇于实践，在没有技术资料、没有工具设备的艰苦环境中，自己设计、自己动手，反复实践摸索，经过无数次的失败，终于获得了自制武器的成功。

到抗战后期，人民兵工基本实现了从"没有枪没有炮敌人给我们造"到"没有枪没有炮我们自己造"的重大转变，为八路军、新四军坚持敌后抗日战争，建立巩固革命根据地，为夺取抗日战争的最后胜利做出了重要贡献。在此基础上，继续发展的人民兵工为解放战争做出了重要贡献。对此，党中央给予了高度评价。1948年，刘少奇同志在兵工工作会议上赞扬："你们的工作，是战争取得胜利的决定条件之一。"1949年，周恩来同志指出："我们依靠工人，在山上建设了兵工厂，几千万个手榴弹、几百万发迫击炮弹、几十万发山野炮弹便这样生产出来，到去年下半年，我们的手榴弹、迫击炮弹、山野炮弹和炸药的生产数字已经超过国民党反动派。"

（五）人民兵工的红色基因特性

土地革命、抗日战争和解放战争的洗礼奠定了人民兵工的红色基因，它传承"红船精神"、长征精神、延安精神等革命精神，以"把一切献给党"为内核，铸就了人民兵工的红色传统，主要体现在革命性、创新性、奋斗性等方面。

1. 革命性

人民兵工的革命性体现：以推翻"三座大山"、打败日本帝国主义，建立新中国为目标，对党绝对忠诚，把一切献给党，勇于斗争，去争取胜利。1934年10月，官田兵工厂除留下100余人坚持打游击外，厂长吴汉杰率领的108名兵工战士随红军北上长征，最后只有7人到达陕北。这些兵工人为了党的革命事业，奋斗尽生，无怨无悔。吴运铎是一名把一切献给党的兵工人，他发下了这样的誓言："把我们的力量、我们的智慧、我们的生命，我们的一切，都交给祖国，交给人民，交给党！"他用实际行动诠释着自己无悔的誓言。1949年后，吴运铎主持了无后坐力炮、高射炮、迫击炮和轻武器等多项武器的研究工作，为国防现代化奉献了毕生精力。

2. 创新性

在战争环境下，武器装备的研制生产必须根据实际情况进行创新，创新更注重实践。由于战争对武器装备研制生产的紧迫性要求，因此不可能有足够的人力和时间对其进行理论分析论证，也没有实验设施，只能依靠不断实践，在实践中逐步修改完善。即便材料、工艺等，也只能因陋就简地独立生产。1938年，冀中根据地，修械所技术人员首先仿制出"捷克式"7.9mm步枪，又名"二七式"步枪，这是根据地兵工厂生产的第一支步枪。1939年，陕甘宁边区茶坊兵工厂刘贵福与孙云龙等用冷挤压法拉出膛线、用深孔钻杆加工枪管，制造出了第一支"无名式"马步枪。该枪在延安举办的陕甘宁边区第一届"五一"工业展览会上展出时，毛泽东主席拿起这支枪，对军工局陕北工业局局长李强说："我们自己也能造枪了！这个枪使用方便、造得好！很漂亮啊！要创造条件多生产，支援前线。"1940年8月1日，八路军军工部黎城水窑一所刘贵福，改进了"无名式"马步枪，设计制造出了"八一式"7.9mm马步枪，并大批量生产，成为太行地区八路军的制式化武器。129师副师长徐向前同志拿到这枪后，爱不释手，说："我当兵时要能背这种枪，不吃饭也高兴。""八一式"马步枪射击准确，枪管上的瞄准星被彭德怀誉为"天下第一准星"。最突出的是，枪上有既可自动展开又能固定的三棱刺刀。刺刀的凹槽可使血液外流，刺杀后容易拔出，该刺刀不用时反贴在枪管上，肉搏时按动键钮一甩就可迅速打开并自行固定，这在白刃战斗中至关重要。1944年，在新四军淮南革命根据地，为制造迫击炮，吴运铎设计了专用冲头，用铁锤硬往钢料里打，三小时几百锤，挤压出了来复线；1944年，在山东革命根据地，技术人员用从敌占区买到的"卫生球"、肥田粉等作原料，试制成硝基萘混合炸药；1945年，在晋绥革命根据地，利用从敌占区买来的水银，配以自己用白酒蒸馏的酒精，生产出雷汞。

3. 奋斗性

在战争环境下，不但生活条件、工作条件艰苦，而且面临伤亡的危险。只有下定决心，艰苦奋斗，不怕牺牲，排除万难，才能取得胜利。在烽火硝烟的战争年代，兵工厂辗转各地，处于经常迁移、穿梭在深山密林之间的流动状态。兵工厂的设备非常简陋，条件极端艰苦，还要常常对付敌人的进攻。由于缺少必要的试验和生产设施保障，试验和生产兵器都是十分危险的。没有不怕牺牲，只有艰苦奋斗是不可能完成武器研制生产任务的。黄崖洞兵工厂年产的武器弹药可装备16个团，工厂起初生产"七九式"步枪，后来生产"八一式"步枪。1940年8月—1941年11月，共生产这种步枪3 000多支。"百团大战"后，工厂遵照彭德怀副总司令的指示，开始研制和生产50mm小臼炮和炮弹，仅1941年就生产小臼炮800多门，炮弹2万多发，有效地增强了我军作战火力。1942—1943年，在日寇疯狂"扫荡"之下，黄崖洞各兵工厂的生产，不仅没有减少，反而凭着兵工人的艰苦奋斗，使产量不断增加，有力供给了八路军的装备。

二、中华人民共和国成立后

1949年10月，中华人民共和国诞生，人民兵工开始转向建立和建设新中国的国防科技工业，即人民军工。国防科技工业传承"红船精神"、长征精神、延安精神等革命精神，以为国防服务为根本，不懈提高科技水平、建设工业能力，在不断满足国家武器装备体系发展需要的同时，成长丰富着军工文化。

（一）创建国防科技工业体系

新中国的国防科技工业是按照党中央部署，参照苏联模式建设的。依据军种对武器装备需求，国防科技工业体系按照兵器、航空、船舶、电子、核、航天及配套行业分工，由生产体系、科研体系、教育体系构成，从20世纪50年代到60年代创建了国家国防科技工业体系。

1. 创建军工生产体系

新中国的军工生产体系是在中国共产党领导下，按照兵器、航空、船舶、电子、核、航天及配套行业分工，主要由三方面构成：一是各革命根据地的兵工企业；二是国民政府遗留的军工企业；三是苏联援建的企业。

中华人民共和国第一个五年计划期间，苏联向中国援建的"一五六"项目，帮助了中国的工业经济发展，奠定了新中国的工业基础，其中包括48项国防军事工业，如大连造船厂、一一二厂、四一〇厂、渤海造船厂等一批军工厂的新建和扩建改建工程。

2. 创建军工科研体系

1949年后，党中央部署建设国家科技研发体系和制定实施国家科技发展规划，相应的，在建设军工生产体系的同时，建立了军工科研体系。新中国的军工科研体系按照兵器、航空、船舶、电子、核、航天及中国科学院等配套科研机构分工，主要有三方面建设构成：一是战争年代党积累的研究力量；二是国民政府遗留的科研机构；三是新建立的科研机构。构建的适应国家国防建设需要、武器装备研制发展的国防科研机构体系，如中国原子能科学研究院等核科技研究院所、中国运载火箭技术研究院等航天科技研究院所、沈阳飞机设计研究所等航空科技研究院所、中国舰船研究院所、兵器科学院所、军事电子科学院所等。

3. 创建军工教育体系

新中国的军工教育体系伴随着新中国国防科技工业对人才的需求而

建设发展。中华人民共和国成立后,党中央部署建设国家教育体系和制定实施国家教育发展规划,相应注重了建设国家军工教育体系。新中国的军工教育体系按照兵器、航空、船舶、电子、核、航天及配套行业分工,主要有三方面建设构成:一是战争年代党建立的教育力量的充实提高,如北京工业学院等;二是改造提高国民政府遗留的教育力量,如哈尔滨工业大学等;三是新建的军工教育力量,如北京航空学院等。在层次上,新中国的军工教育体系包括高等院校、中等学校和技工学校,形成了适应国家国防建设需要和武器装备研制发展的国防科研人才培养机构体系。

4. 创建军工配套体系

1949年后,在党的领导下,建设了国防科技工业体系,经过几代人的不懈奋斗,我国国防科技工业发展成为一个完整体系,既包括军工科研生产企事业单位,也包括配套科研生产企事业单位。在中国,军工企业主要是指为国防建设服务,承担国防科研生产任务,为国家武装力量提供各种武器装备研制,直接为部队提供武器装备和其他军需物资的工业部门和工厂;配套企业主要是指为国家经济建设服务,同时承担国防科研生产任务,为军工企业和军队提供各种武器装备配套产品的工业部门和工厂。就工业体系看,军工企业主要集中在核工业、航天工业、航空工业、船舶工业、兵器工业和军事电子工业领域内;配套企业主要在机械、化工、冶金、轻工等基础工业行业领域;配套科研生产企事业单位在关键原材料、基础器件等方面。从此,我国形成了体系完备的国防科技工业的研发与生产体系。

(二) 常规武器装备体系初步建立

从20世纪50年代开始到70年代中期,国防科技工业体系边建设边研制生产,在引进苏联技术基础上,立足国情,自力更生,初步建立常规武器装备体系。这些武器装备在国庆阅兵仪式等军事活动中进行了展示。阅兵是中国军工产业发展轨迹的一种诠释。

1. "万国牌"武器装备

1949年10月1日,开国大典在北京天安门广场举行,这是新中国的第一次阅兵。中国人民解放军受阅行进部队包括海军部队、步兵师、炮兵师、战车师、骑兵师等方阵，同时，刚刚组建的人民空军的16架战斗机、轰炸机，从天安门上空飞行受阅。受阅武器装备数量为火炮119门，坦克和装甲车152辆，汽车222辆，飞机17架，军马2 344匹。受阅部队装备几乎全部来自缴获的战利品，包括日制大炮、德制步枪、美制飞机等，被称为"万国牌"武器装备。

2. 苏式武器装备

1954年10月1日，举行了国庆5周年阅兵。此次阅兵是骑兵部队的最后一次受阅，同时第一次出现了伞兵部队方阵，标志着机械化人民军队的发展。此次阅兵，受阅部队的受阅武器装备由开国大典时的"万国牌"变为苏式武器装备为主，这标志着解放军武器装备有了较大提高。1956年国庆阅兵，阅兵部队乘坐的汽车是第一批出厂的国产解放牌汽车，新生产的第一批4架歼-5型歼击机也参加了国庆阅兵。正在天安门城楼上检阅的毛泽东主席，指着飞机对外国朋友说："我们自己的飞机飞过去了。"后来，他把这种感受写进了《论十大关系》，其中写道："自从盘古开天地以来，我们不晓得造飞机、造汽车，而今开始都能造了。"1957年国庆阅兵，中国自行生产的轰-5型喷气轰炸机和歼-5型歼击机等首次受阅。1959年10月1日，举行了国庆10周年阅兵，受阅武器装备国产化程度大大提高，多型主战装备都是在从苏联引进技术的基础上由我国自行制造完成的，其中我国59式主战坦克和"红旗"检阅车首次亮相，最新式自动步枪、大炮、坦克、喷气式轰炸机、喷气式歼击机等依次亮相，显示着新中国国防科技工业的制造能力。

新中国第一次海上阅兵于1957年8月4日举行，周恩来总理受毛泽东主席委托，检阅了北海舰队前身青岛基地官兵。在海上阅兵中担当主角的是北海舰队的4艘进口苏联的舰艇：鞍山号（阅兵式旗舰、舷号101）、抚顺号（舷号102）、长春号（舷号103）和太原号（舷号104）。这4艘驱逐舰是当时人民海军吨位最大、战斗力最强的主力舰只，是全海军的精锐，号称人民海军"四大金刚"。这次海上阅兵，表明了在短时间内，中国海军已经建成包括舰艇大队、航空师、海岸炮兵团、防空兵团以及各种专业勤务部队在内的重要军种，成为中国人民一支新型海上战斗力量。

3. 自主研制生产

20世纪60年代初期，中苏关系破裂后，中国开始独立自主研制武器装备。1969年，中国自行生产出69式坦克。59式中型坦克是利用中国引进的苏联T-54A中型坦克的全套图纸和工艺生产出来的。为了保持中国中型坦克的领先水平，并逐步实现由仿制到自行研制的转变，1960年以后，中央军委决定自行研制中国第一代主战坦克——69式主战坦克。这是中国首次独立设计的主战坦克。该坦克是在59式坦克基础上改进设计的，1963年下达战技指标，1964年完成设计，1965年生产出样车。1974年3月26日，由国务院、中央军委军工产品定型工作领导小组批准设计定型，并命名为"1969年式中型坦克"，简称"69式中型坦克"。以后经过几次改进，其型号不断扩展，从而形成了69式坦克车族。

歼-7是中国研发的第一种两倍音速喷气战斗机，主要用于国土防空和夺取战场前线制空权，也可以执行对地攻击任务。歼-7的原型机于1964年年初开始生产，1965年11月完成机体静力试验。第一架生产型歼-7与早期制造的歼-7一样，由沈阳飞机工厂制造。1966年1月17日，首架生产型歼-7在沈阳飞机厂成功首飞。歼-7衍生了众多的改型，包括Ⅰ型、Ⅱ型、Ⅲ型、A型、B型、E型、M型、MG型、PG型、P型、MP型、FS型、MF型等，这些产品陆续装备空军部队。

歼-8战斗机，自1964年开始设计，1968年7月首批2架原型机制造完成，于1969年7月5日首飞成功，1979年设计定型，1980年开始服役。1979年12月31日，航空产品定型委员会同意歼-8型飞机设计定型。1980年3月2日，国家军工产品定型委员会批准定型。在1969年到1979年的10年试飞中，歼-8累计飞行1 025个起落，共计663个飞行小时，解决了一系列技术问题。1986年2月20日，国务院、中央军委常规军工产品定型委员会批准歼-8飞机生产定型。歼-8型飞机从首飞到设计定型，历时10年之久，其研制过程是"引进、消化、再创新"的过程，标志着我国航空工业从仿制走上了自行设计的道路。1985年11月，歼-8战斗机获中国国家级科技进步奖特等奖。2000年，歼-8Ⅱ战斗机获中国国家科技进步奖一等奖。自从1980年服役以来，歼-8相继研制出歼-8白天型、全天型，歼-8Ⅱ等多个系列机型。特别是歼-8Ⅱ型飞机，是中国空军和海军航空兵20世纪80年代至21世纪初主力战斗机种之一，在中国空军的武器装备还并不强大的年代，歼-8捍卫着中国的蓝天。

1957年，在多方的努力下，中国获得了部分苏联56型科特林级驱逐舰技术设计图纸资料，成立了研究机构，开始驱逐舰研制方案的探讨工作。1959年2月，提出研制新型导弹驱逐舰即051级驱逐舰；1959年中苏关系破裂，苏联专家和技术人员相继离开中国，中国人不得不自己独立设计。1967年6月，国家批准了第一代导弹驱逐舰的总体技术设计方案，随即全面展开了总体施工设计和设备研制。1968年，051首舰在大连造船厂开工建造，建造期间全国22个省、市，10多个工业部所属的工厂和研究所承担所需的732项材料、1 240项配套设备，其中包括110余项新研制设备的研制任务，这是中国自行设计建造的第一型导弹驱逐舰。051型是中国舰船工业一个重要里程碑，表明中国具备了研制大型水面作战舰船的实力。

（三）战略武器装备研制成功

20世纪50年代后期至70年代中期，按照毛泽东主席、党中央战略部署，国防科技工业体系建立了以核武器为标志的国家战略武器装备研制体系。核武器指包括投掷或发射系统在内的具有作战能力的核武器系统，是由核弹、投掷/发射系统和指挥控制、通信和作战支持系统等组成的、具有作战能力的核武器系统。研制核武器需要建设核科技工业和航天科技工业等力量。

1. 创建核武器研制体系

核武器是具有大规模毁伤破坏效应的战略武器，为研制核武器，我国从20世纪50年代后期开始到70年代中期，建设了核工业体系和研制机构。中国核工业创建于1955年年初，1961年中共中央做出的以研制"两弹"为中心，加速国防科研和工业发展的重大决策，推进了"两弹"研制进程。为此，建立了完整的核科技工业体系，包括核动力、核材料、核电、核燃料、乏燃料和放射性废物的处理与处置、轴矿勘察采冶、核仪器设备、同位素、核技术应用等核能及相关领域，建设了原子能研究院、核动力研究院和404厂等科研和生产体系。中国工程物理研究院作为国家的核武器研制生产单位，是以发展国防尖端科学技术为主的集理论、实验、设计、生产为一体的综合性研究院。1958年开始建设定名为221厂的核武器基地，厂址选定青海海晏县金银滩，1965年开始搬迁四川，1982年更名为核工业部第九研究院，1985年对外使用中国工程物理研究院。该院的研究领域包括物理学、力学与数学、化学与材料、信息科学与电子工程等方面，为中国原子弹和氢弹的研制爆炸成功建立了丰功伟绩。

2. 创建战略运载研制体系

1956年10月8日，我国第一个导弹研究机构——国防部第五研究院正式成立，钱学森任院长，标志着中国航天事业的创建。后国防部五院成立分院和不断专业化发展，构成了以研究院、研究所和工厂为主体的航天科技工业体系，包括中国运载火箭技术研究院和中国空间技术研究院等。东风-1弹道导弹是我国根据苏联P-2导弹仿制的近程地地战略导弹，1958年4月开始仿制，1960年11月5日试射成功。东风-2弹道导弹是我国自行研制的第一代中程地地弹道导弹，1960年开始研制，1964年6月29日获得成功，1966年10月27日，我国成功地进行了东风-2A与核弹头的两弹结合试验，导弹飞行正常，核弹头在预定的距离精确命中目标，实现了核爆炸。东风-2以及东风-2A的研制成功标志着中华人民共和国首次拥有具有实战能力的核弹道导弹以及由本土攻击敌方的远程打击能力，具有了战略威慑能力。东风-3弹道导弹于1966年12月26日首次试射，是我国第一种真正意义上的国产弹道导弹。东风-4弹道导弹1970年1月30日试射成功。东风-5弹道导弹是我国研制的第一代洲际地对地战略导弹，1980年5月18日全程飞行试验成功。东风系列导弹是我国研制的一系列近程、中远程和洲际弹道导弹，承载和见证着我国国防科技工业体系的不断发展。

3. 战略武器装备研制成功

20世纪50年代和60年代是新中国极不寻常的时期。面对严峻的国际形势，为抵制帝国主义的武力威胁和核讹诈，以毛泽东同志为核心的第一代党中央领导集体，根据当时的国际形势，为了保卫国家安全、维护世界和平，高瞻远瞩，果断地做出了独立自主研制"两弹一星"的战略决策。在1958年6月21日的中央军委扩大会议上，毛泽东同志提出："搞一点原子弹、氢弹、洲际导弹，我看有十年工夫是完全可能的。原子弹要有，氢弹也要快。"1964年10月16日，中国第一颗原子弹在新疆罗布泊试验基地爆炸成功。1967年6月17日，中国在罗布泊成功爆炸了第一颗氢弹，举世震惊。从第一颗原子弹成功到第一颗氢弹成功，中国只用了两年零八个月，这一跨越速度远快于当时其他4个有核国家（美国、苏联、英国、法国），而且赶在了法国的前面。1970年4月24日21时，中国第一颗人造卫星发射成功，使中国成为第五个发射人造卫星的国家。

核潜艇在战略上极其重要。1959年苏联的最高领导人赫鲁晓夫来到中国，毛泽东主席向赫鲁晓夫当面提出，要求苏联向中国提供核潜艇制造技术，赫鲁晓夫一口回绝，理由是中国的现有技术不可能制造核潜艇。在当时我国还没有研制出原子弹，核潜艇在技术上要比原子弹复杂，涉及造船、电子、原子能和金属制造等多方面高端技术。毛泽东同志在核潜艇问题上下定决心，指示："核潜艇——一万年也要搞出来！"091型核潜艇是中国第一代攻击型核潜艇，首艇1968年动工建造；1970年12月下水；1971年4月开始系泊试验，7月开始用核能发电，主机试车考核；1974年8月交付海军使用，中国成为继美国、苏联、英国和法国之后第五个拥有核潜艇的国家。092型核潜艇是中国研制的第一种核动力弹道导弹潜艇，1978年动工建造；1981年4月下水；1983年8月交付海军使用；1985年第一次水下发射导弹试验失败，1988年第二次发射才成功。该型潜艇装备"巨浪一型"弹道导弹，12座弹道导弹发射管，2009年参与海军60周年阅兵时首次对外公开亮相。

1984年，国庆35周年阅兵，常规武器装备和战略武器装备同时亮相，包括各种作战飞机、海军导弹、地空导弹、战略导弹、主战坦克、装甲车辆、火炮、火箭布雷车、轻武器和反坦克导弹等，全部是中国自行设计、自行研制、自行生产的，基本上实现了机械化、电气化、自动化，其中19种是首次亮相的新装备，具有现代水平，有的还具有世界先进水平。中国战略导弹部队也首次参加阅兵，充分展示了中国国防现代化建设的新成果。中国的"两弹一星"和"两弹一艇"是20世纪下半叶中华民族创建的辉煌伟业，显示了中国武器装备的战略打击能力的形成。

三、建设中国特色社会主义时代

以1978年中国共产党十一届三中全会召开为标志，中国进入改革开放、建设中国特色社会主义时代，国防科技工业也进入了重要的转型发展时代。

（一）国防科技工业改革发展

自1978年改革开放开始，伴随建设中国特色社会主义时代步伐，国防科技工业在中国共产党的领导下，继续发扬人民兵工光荣传统，服从大局，锐意改革，艰苦奋斗，创新发展。

1. 从"军民结合"到"军民融合"

国防科技工业发展是与国家政治需要和经济承载能力密切相关的。在建设中国特色社会主义道路上，军工发展从"军民结合"走到"军民融合"。

"军民结合、平战结合"是以毛泽东同志为核心的党中央提出的一个重要战略思想。1956年1月，毛泽东同志在最高国务会议上指出：在生产上要注意军民两用，注意学会军用和民用的两套生产技术，要有两套设备，平时为民用生产，一旦有事，就可把民用生产转化为军用生产。同年4月，毛泽东同志在听取第二个五年计划汇报时又强调，要学习两套本事：在军事工业中练习民用产品生产的本事、在民用工业中练习军事产品生产的本事的办法是好的，必须如此做。毛泽东同志关于"军民结合、平战结合"的论述，深刻揭示了国防科技工业发展的必由之路。

"军民结合、军品优先"。1982年，以邓小平同志为核心的党中央明确提出了"军民结合、平战结合、军品优先、以民养军"的十六字方针。邓小平同志关于军民结合的思想，不仅反映了中国的国情和军情，而且反映了当时国防科技工业调整改革的共同趋势，让国防科技工业积极投身经济建设主战场。1984年，邓小平同志强调：国防工业设备好，技术力量雄厚，要把这个力量充分利用起来，加入整个国家建设中去，大力发展民用生产。1987年7月，邓小平同志又明确指出：国防工业要走这个道路，在国家统一规划下，搞军民结合，以民养军。国防科技工业必须全面贯彻军民结合方针，在优先保证军品科研生产任务的同时，大力发展民品生产，扩大国防科研成果转民用，为国家增加财富，为企业发展积累资金，为科技人员开辟用武之地。邓小平同志说，"我们抓国防工业的军民结合，抓得比较早，这一条抓对了。"

"军民结合、寓军于民"。以江泽民同志为核心的党中央提出"寓军于民"这一关于将国防实力寓于国家经济建设和社会发展之中的理论和战略方针。"寓军于民"主要是站在建设强大的经济和国防两大战略任务的角度，为实现两头兼顾、协调发展，强调武器装备科研生产能力、技术、人员等要寓于国民经济和民用产业之中。现代武器装备技术复杂，成本高昂，长期过高的国防建设投入，国家难以承受，但为了维护国家生存和发展的安全，又必须进行国防建设。面对有限的财力和资源，只有坚持"寓军于民"，才能降低军备成本，并在加强国防建设的同时，发挥国防建设的"溢出效应"，促进乃至带动国民经济发展。

"军民融合"国家战略。2007年，以胡锦涛同志为领导的党中央提出"军民融合"，胡锦涛同志在中国共产党十七大报告中提出了"建立和完善军民结合、寓军于民的武器装备科研生产体系、军队人才培养体系和军队保障体系，坚持勤俭建军，走出一条中国特色军民融合式发展路子"的战略思想，标志着中国开始迈向"军民融合"阶段。这一阶段的基本思路是：国防工业要与经济建设良性互动，国防工业要与民用工业相联系，实现民用与国防科技工业同步发展，形成国家创新体系下的国防科技创新体系。这一思想要求对军工企业的组织管理模式进行改革，对不适应市场机制的军工企业进行兼并、重组与关停，培育大型企业和企业集团。中国共产党十八大以后，以习近平同志为核心的党中央提出"军民融合发展"国家战略。2015年3月12日，习近平同志在中国十二届全国人大三次会议解放军代表团全体会议上，第一次明确提出"把军民融合发展上升为国家战略"。以习近平同志为核心的党中央，把走中国特色军民融合式发展与实现中华民族伟大复兴紧密联系在一起，推动中国国防建设和经济建设良性互动，确保在中国全面建成小康社会进程中实现富国和强军的统一，是实现强国梦强军梦的必由之路，对于提高军队能打仗、打胜仗，有效维护国家主权、安全、发展利益，具有极其重要的现实意义。中国共产党历来重视推进经济建设和国防建设协调发展，党的十八大以来，习近平同志深刻把握世情、国情、军情的变化，在国家总体战略中兼顾发展和安全，把军民融合发展确立为兴国之举、强军之策，做出一系列重要论述和重大决策，形成了习近平军民融合发展重大战略思想。中国共产党十八届三中全会把军民融合发展改革纳入全面深化改革总体布局加以推进，党中央成立中央军民融合发展委员会，强化对军民融合发展的集中统一领导，这些重大创举，开辟了中国特色军民融合发展理论和实践的新境界，促进了国家战略体系和能力新发展。

2. 军工经济改革发展

1949年后，国家确立了"以工业化为基础，优先建立和发展重工业"的国家战略，通过中央各级行政组织建立了从上至下的紧密联系，直接管理国民经济。这个战略中，尤其又偏重于国防工业的发展。当时，资本主义国家对新中国进行经济封锁，新中国很难得到社会建设的资金和先进技术。在国内还有台湾国民党军队的威胁存在。维护新中国政权当然是第一位的，以国防工业为主的重工业作为中国的发展战略无可厚非。20世纪60年代末，中苏关系交恶，从而强化了国家"建立和发展重工业的国家战略"，尤其是加大了国家对军工投入，其特点是：投入不计成本，军工技术和产品对民用几乎完全封闭，军用产品直供军队。

  1978年12月，中国共产党十一届三中全会召开，这是新中国经济发展的一次重大转变，从此，改革开放与市场经济渐次发展。中国共产党十二大报告提出："正确贯彻计划经济为主、市场调节为辅的原则，是经济体制改革中的一个根本性问题。""要正确划分指令性计划、指导性计划和市场调节各自的范围和界限……建立起符合我国情况的经济管理体制，以保证国民经济的健康发展。"中国共产党十三大报告则开始明确界定"社会主义有计划商品经济的体制应该是计划与市场内在统一的体制"。中国共产党十四大报告关于市场经济的提法进了一大步，指出："社会主义市场经济体制，就是要使市场在社会主义国家宏观调控下对资源配置起基础性作用，使经济活动遵循价值规律的要求，适应供求关系的变化；通过价格杠杆和竞争机制的功能，把资源配置到效益较好的环节中去……促进生产和需求的及时协调。""必须加强和改善国家对经济的宏观调控。我们要大力发展全国的统一市场，进一步扩大市场的作用，并依据客观规律的要求，运用好经济政策、经济法规、计划指导和必要的行政管理，引导市场健康发展。""社会主义市场经济体制是同社会主义基本制度结合在一起的。在所有制结构上，以公有制包括全民所有制和集体所有制经济为主体，个体经济、私营经济、外资经济为补充，多种经济成分长期共同发展，不同经济成分还可以自愿实行多种形式的联合经营。国有企业、集体企业和其他企业都进入市场，通过平等竞争发挥国有企业的主导作用。"此后，直到中国共产党的十八大，均强调"市场在资源配置中的基础性作用"。中国共产党的十八届三中全会则提出"使市场在资源配置中起决定性作用和更好发挥政府作用"，这是中国共产党在新时代发展中国特色社会主义所提出的全新观点，和30年前一样，党和国家又一次做出新的国家定位和发展战略及实现途径，习近平新时代中国特色社会主义思想指引着中国继续全面深化改革。

改革开放以来，国防科技工业进入了重要的转型时期。军工企业在向建立现代企业制度发展中，适应市场经济发展，目前，我国军工集团公司下属已拥有近百家上市公司，资产证券化改革已由最初的民品上市，发展到注入军品配套业务，再到注入核心军品资产。事业制科研院所所代表的最优质的军工资产，由于采取事业编制而无法资本化，严重制约着各大军工集团资产证券化水平的进一步提升，因此，军工科研院所的改制和资产注入，是正在推进新一轮军工体制改革的关键。军工科研院所改制是深化军民融合的必经之路，军工科研院所改制的思路在不断细化明确，将科研院所分为基础类、工程类、工艺类等进行分类改革不断践行。我国的军民融合正处于由初步融合向深度融合推进的阶段，一是"军转民"，二是"民参军"，近年来国有企业混合所有制改革开始进行，这些将进一步促进国防科技工业体系改革发展，建设中国特色先进国防科技工业体系。

3. "民营企业参军"

民营经济是中国经济制度的内在要素，民营经济是社会主义市场经济发展的重要成果，中国非公有制经济是改革开放以来在中国共产党的方针政策指引下发展起来的。中国共产党十一届三中全会以后，破除所有制问题上的传统观念束缚，为非公有制经济发展打开了大门。40多年来，中国民营经济已经成为推动国家发展不可或缺的力量，成为创业就业的主要领域、技术创新的重要主体、国家税收的重要来源，为国家社会主义市场经济发展、政府职能转变、农村富余劳动力转移、国际市场开拓等发挥了重要作用。长期以来，广大民营企业家以敢为人先的创新意识、锲而不舍的奋斗精神，组织带领千百万劳动者奋发努力、艰苦创业、不断创新。国家经济发展能够创造中国奇迹，民营经济功不可没，广大民营企业在参与和从事武器装备科研生产方面显示了极大的热情和行动。中国共产党在坚持基本经济制度上的观点是明确的、一贯的，从来没有动摇。国家公有制经济是长期以来在国家发展历程中形成的，积累了大量财富，这是全体人民的共同财富，必须保管好、使用好、发展好。国家强调把公有制经济巩固好、发展好，同鼓励、支持、引导非公有制经济发展不是对立的，而是有机统一的。公有制经济、非公有制经济应该相辅相成、相得益彰，而不是相互排斥、相互抵消。国家基本经济制度写入了宪法和中国共产党党章，这是不会变的，也是不能变的。任何否定、怀疑、动摇国家基本经济制度的言行都不符合党和国家方针政策，应营造公平竞争环境，打破各种各样的"卷帘门""玻璃门""旋转门"，为民营企业打造公平竞争环境，鼓励民营企业直接从事武器装备生产，鼓励民营企业参与军工企业改革，通过合法合规行动为国家国防建设发挥作用。

（二）军工能力体系跨越发展

从引进学习苏联技术，到引进世界先进技术消化吸收再创新和自主创新的进步，从传统工艺技术到实现现代制造技术，实施高新工程，国家军工能力体系实现了跨越发展，同时，学习国外先进管理文化，军工文化建设开始系统开展。

1. 核科技工业

核科技工业是从事核燃料研究，核燃料、放射性同位素生产、加工，核反应堆和核动力装置的研究、设计、建造和核能生产（发电和供热），核武器研制、生产的军民结合型产业。一个国家的核科技工业发展水平，能集中反映出这个国家的整个工业基础和科学技术水平。核科技工业主要产品包括核原料、核燃料、核动力装置、核武器、核电力和应用核技术等，涉及领域有地质勘探、采矿、冶金、化工、电力、机械制造、建筑、电机和精密仪表等工业部门和物理、化学、电子学、半导体、计算技术、自动控制、材料学、传热学、医学和生物学等学科领域。在民用领域，核工业研究、设计、建设的核电厂在我国建设运行，同时向国民经济各部门提供多种放射性同位素产品、同位素仪器仪表以及辐射技术等核技术，在辐射加工、食品保鲜、辐射育种、灭菌消毒、医疗诊断、示踪探测、分析测量和科技生产等方面发挥更大的作用。核工业的发展需要冶金、化工、机械制造、电子等行业的支持，从而也促进了它们的发展。我国已经建设起完整的核科技工业能力体系。

2. 航天科技工业

航天科技工业是研制与生产航天器、航天运载器及其所载设备和地面保障设备的军民结合型产业，主要产品包括火箭发动机、弹道导弹、巡航导弹、空对空导弹、地对空导弹、卫星、载人航天器等，涉及领域有电子、计算机、冶金、材料、机械、特种工艺、低温与真空技术、测试、控制、测控、气象、船舶、生物、农业等。航天科技工业是综合国力的象征，带动了我国许多行业的科研与制造发展，特别是新材料、新工艺的开发和应用，引导了高新技术产业的发展和产业结构向高层次转化。我国已经建设起完整的航天科技工业能力体系。

3. 航空科技工业

航空科技工业是我国研制、生产和修理军民用航空器的军民结合型产业，主要产品有固定翼飞机、旋转翼飞机、偏转翼飞机、地面效应飞行器、飞艇、气球、飞机发动机、机载设备、机载武器、地面保障设备等。涉及配套领域包括电子信息、冶金、化工、电力、机械、精密仪表等。航空科技工业是建设独立自主巩固国防的重要基础。现代局部战争的实践表明，航空武器装备对战争的进程和结局都发挥着关键性作用。世界军事大国把航空武器的发展放到了更加突出的位置。航空科技工业是带动国民经济发展的重要产业，历史表明，先进航空产品的研制生产有力地促进了冶金、化工、材料、电子和机械加工等领域的技术进步，从而在技术层面上提升了国民经济。航空技术用途广泛，航空高技术可以转移应用于广阔的非航空领域，从而推动国民经济的发展。我国已经建设起完整的航空科技工业能力体系。

4. 船舶科技工业

船舶科技工业是承担各种军民用舰船及其他浮动工具的设计、建造、维修和试验及其配套设备生产的产业，主要产品有各类军、民用水面舰船，水下舰艇，涉及配套领域有钢铁、石化、轻工、纺织、装备制造、电子信息、冶金化工、先进材料等重点产业。船舶科技工业为下游各产业部门直接提供产品和服务，一方面为海军建设提供全套现代化舰船装备，另一方面又为国民经济中的水运交通、能源运输、水产渔业和海洋开发等提供必需的物质手段，在确保国家的国防安全和推动我国交通运输业、海洋开发业等重要国民经济部门的发展方面具有不可替代的巨大作用。船舶科技工业通过军转民和发展非船产品，可为国民经济其他各方面的需要提供服务；通过出口船舶和各种机电产品，可为国家创收外汇并为我国外贸事业的发展做出重要的贡献；对钢铁、机械、电子、化工等上游产业具有巨大的带动作用。我国已经建设起完整的船舶科技工业能力体系。

5. 兵器科技工业

兵器科技工业是研究、发展和生产常规兵器的产业。现代常规兵器包括坦克、装甲战斗车辆、枪械、火炮、火箭、战术导弹、弹药、爆破器材和工程器材等。随着科学技术和武器装备的发展，兵器科技工业又分成坦克装甲车辆、枪械、火炮、弹药、火药与炸药和战术导弹等领域，主要产品包括坦克、装甲车辆、火炮、火箭炮、火箭弹、导弹、炮弹、枪弹、炸弹、航空炸弹、深水炸弹、引信、火工品、火炸药、推进剂、战斗部、火控指挥设备、单兵武器、夜视器材等。涉及配套领域包括电子信息、冶金、化工、电力、机械、精密仪表等。兵器科技工业在研制生产武器装备的同时，研制生产了民用车辆、工程机械、化工产品等产品，服务国家经济建设和社会发展。我国已经建设起完整的兵器科技工业能力体系。

6. 军事电子科技工业

军事电子科技工业是从事军事电子信息领域武器装备和科技发展研究、科研生产、保障服务等专业化活动的领域统称，军事工业与电子工业融合发展是其显著特征。我国的电子工业已经形成了军民结合、专业门类比较齐全的产业，能够主要依靠国产电子元器件生产整机设备以及各种元器件，形成了雷达、通信导航、广播电视、电子计算机、电子元器件、电子测量仪器与电子专用设备等产业领域，在军用方面，已具有门类齐全的军用元器件科研开发与配套能力，具有系统工程科技攻关能力，基本能满足战略武器、航天技术、飞机与舰船、火炮控制和各种电子化指挥系统的需要。为进一步适应科技革命、产业变革和军事革命的要求，实现可持续发展，需要军事电子科技工业能力建设的发展理念、体系结构、运行机制等方面继续深化改革。

（三）武器装备体系跨越发展

中国改革开放40年来，在建设中国特色社会主义的征程中，国防科技工业浴火重生，能力、水平不断提高。几次大阅兵生动展现了人民军队的武器装备，体现着人民军工为军队建设不断提供着武器装备体系跨越发展。

1. 2009年大阅兵

1999年，举行了国庆50周年阅兵。这次阅兵参阅军种较全，兵种多，参阅的陆、海、空、二炮等武装力量，代表了我国武装力量当时的主要构成，体现了国防科技工业改革发展和武器装备水平的时期特征。2009年，举行了国庆60周年阅兵，集中展示了中国军队机械化、信息化等1999—2009年建设成就。阅兵装备方队展示的装备为国产现役主战装备，90%为首次展示。阅兵共编56个方（梯）队，其中，徒步方队14个，装备方队30个、空中梯队12个，其武器装备成为阅兵的重要亮点。自20世纪90年代以来，中国人民解放军不断加大"建设信息化军队，打赢信息化战争"的步伐，在引进和吸收的基础上，研制发展了一批具有国际先进水平的信息化武器装备，使陆、海、空、二炮联合作战能力有了大幅度的提高。此次阅兵是新中国阅兵史上最"原创"的一次，从飞机、导弹、坦克，到火炮、自动步枪，参阅的武器装备全部都是"中国制造"，九成以上是国庆阅兵场上的新面孔，特别是5个导弹方阵的108枚导弹包括地地常规导弹、陆基巡航导弹、地地中远程导弹、洲际战略核导弹等，数量多，型号全，科技含量高，威力大，壮国威。

2. 2015年大阅兵

为彰显中国坚定不移走和平发展道路，坚定不移维护世界和平，捍卫国家主权、安全和发展利益的坚定立场，彰显中国人民在世界反法西斯战争中做出的巨大民族牺牲和重要历史贡献，展示中国军队贯彻强军目标、推进现代化建设的新成就和威武之师、文明之师的良好形象，动员和激励全党全军全国各族人民更加奋发有为地为实现中华民族伟大复兴而努力奋斗，2015年9月3日，纪念中国人民抗日战争暨世界反法西斯战争胜利70周年阅兵式在天安门广场举行。展示的武器装备均为国产现役主战装备，84%是首次亮相。装备方队按照地面突击、防空反导、海上攻防、战略打击、信息支援、后装保障6个作战模块编组。地面突击部队包括坦克方队、陆战队两栖突击车方队、履带步兵战车方队、空降兵战车方队、反坦克导弹方队、自行火炮方队、装甲突击车方队、轻型突击车方队、反恐突击车方队。防空反导部队包括高射炮兵方队、地空导弹第一方队、地空导弹第二方队。海上攻防部队包括舰空导弹方队、反舰导弹方队、岸舰导弹方队。战略打击部队包括常规导弹第一方队（中近程导弹方队）、常规导弹第二方队（反舰弹道导弹方队）、常规导弹第三方队（地对地巡航导弹方队）、核常兼备导弹方队（中远程弹道导弹方队）、核导弹第一方队、核导弹第二方队。信息支援部队包括预警雷达方队、无人机方队、指挥信息系统装备方队。后装保障部队包括后勤保障方队、装备保障方队、医疗方队。空中梯队包括预警指挥机梯队、海上巡逻机梯队、轰炸机梯队、加受油机梯队、歼击机第一梯队、歼击机第二梯队、舰载机梯队、直升机梯队，涵盖了中国现有先进作战和保障机种。

3. 基地海上阅兵

2017年7月30日，在朱日和训练基地举行了庆祝中国人民解放军建军90周年阅兵，阅兵在中央军委领导下，以中部战区为主组成阅兵联合指挥部，对受阅部队实施统一指挥，是新体制下战区履行职能的重要实践。阅兵按照新的军事力量体系确定参阅兵力和受阅序列，重在反映现代新型军兵种力量鲜明特色、体现信息化联合作战编成及运用方式，展示我军规模结构和力量编成的新重塑。阅兵共有45个方（梯）队，包括陆上作战、信息作战、特种作战、防空反导、海上作战、空中作战、综合保障、反恐维稳、战略打击9个作战群，以及9个人员方队。9个作战群按作战编组接受检阅。受阅官兵来自陆军、海军、空军、火箭军、战略支援部队、武警部队和联勤保障部队。阅兵展示现役主战武器装备信息化水平和新质战斗力,参阅装备类型多样,受阅地面装备 600 余台(套)、各型飞机 100 多架,近一半为首次参阅。

我国改革开放以来进行了三次海上阅兵:1995 年 10 月 19 日,中国海军北海舰队在黄海某海域举行了新中国规模最大的海上联合军事演习,并举行了盛大的海上阅兵式;2009 年 4 月 23 日,举行中国人民解放军海军成立 60 周年纪念日海上阅兵;2018 年 4 月 12 日,中国南海阅兵,也是中央军委在南海海域首次举行的海上阅兵,也是新中国历史上规模空前的海上阅兵。中国南海阅兵受阅编队 48 艘舰艇、76 架战机、万余官兵参加受阅。在水面分为 7 个作战群梯队,分别是战略打击、水下攻击、远海作战、航母打击、两栖登陆、近海防御、综合保障,包括 094A 型战略核潜艇、093、039B、039A 等型攻击潜艇,辽宁号航母和 052D 导弹驱逐舰、052C 导弹驱逐舰、054A 护卫舰、901 型补给船等组成的航母打击作战群,两栖登陆梯队和电子侦察船等。受阅飞机组成舰载直升机、反潜巡逻作战、预警指挥、远海作战、对海突击、远距支援掩护、制空作战等 10 个空中梯队,在受阅舰艇编队上方凌空飞过。辽宁舰还特别举行了海上舰载机起飞演练,4 架歼-15 战斗机挂载导弹或挂飞训练弹依次从远点滑跃起飞。这次海上阅兵是首次在南海进行,彰显了中国保卫南海、走进远海的能力和意志,强调了在实现中华民族伟大复兴的奋斗中,建设强大的人民海军的任务从来没有像今天这样紧迫,要求海军要深入贯彻新时代党的强军思想,坚持政治建军、改革强军、科技兴军、依法治军,坚定不移加快海军现代化进程,善于创新,勇于超越,努力把人民海军全面建成世界一流海军。

4. 2019 年大阅兵

2019 年 10 月 1 日,举行庆祝国庆 70 周年大阅兵。这次阅兵安排陆军、海军、空军、火箭军和战略支援部队部分新型武器装备受阅,各型飞机 160 余架、装备 580 台套,为近几次阅兵中规模最大,集中展示 70 年来国防科技工业发展水平和军队建设巨大变化,包括东风-41 洲际战略核导弹、长剑-100 巡航导弹、东风-17 常规弹道导弹、"巨浪 2"潜射远程弹道导弹、轰-6N 远程战略轰炸机、具备超音速飞行的无侦-8型无人侦察机、具备隐形设计的攻击-11无人机验证机、99A型主战坦克、15式轻型坦克、001水下无人航行器和新一代战术电子对抗装备等。这次大阅兵，是以习近平同志为核心的党中央带领全党、全军和全国各族人民进入新时代的首次国庆阅兵，是共和国武装力量全面重塑后的首次整体亮相，充分展示了人民军队听党指挥的政治信念，人民军队体制、结构、格局、装备的新变化。受阅武器装备充分体现了我国国防科技工业自主创新能力，展示出人民军工不忘昨天的苦难、辉煌，无愧今天的使命担当，不负明天的伟大梦想，在习近平新时代中国特色社会主义思想指引下，国家利益至上，团结一致，锐意进取，攻坚克难，为实现中国梦强军梦不懈奋进。

四、军工文化体系的形成与发展

从官田兵工厂建立到进入中国特色社会主义新时代，伴随着从兵工到国防科技工业体系发展，军工文化在形成中传承，在传承中丰富、创新、发展，在实现了国防科技工业时代发展和武器装备体系跨越发展的同时，军工文化建设开始系统开展，形成发展为军工文化体系。

（一）凝练红色文化

红色文化是中国共产党在领导中国人民实现民族解放和建设社会主义现代中国的历史实践过程中凝结而成的中国特色的先进文化体系。凝练红色文化是军工文化产生发展之本。军工文化的产生发展凝结着革命政治文化、人民兵工精神和人民军队文化等，孕育着军工文化的红色底蕴。

1. 革命政治文化

革命文化是中国革命胜利的文化支撑和精神标识，它承载了党和人民对国家独立、民族解放、人民幸福的时代诉求和革命行动，传承和升华了中华优秀传统文化，积淀了社会主义先进文化的底蕴，是中国特色社会主义文化自信的源头。政治文化是一个民族在特定时期的政治态度、政治信仰和感情，它由本民族的历史和当代社会、经济和政治活动进程所促成，包括政治认知、政治信念、政治感情、政治态度、政治价值观、政治行为准则等。习近平同志在十八届中央纪委七次全会上指出："我们的党内政治文化，是以马克思主义为指导、以中华优秀传统文化为基础、以革命文化为源头、以社会主义先进文化为主体，充分体现中国共产党党性的文化。"我们党在团结领导人民进行伟大斗争中，孕育形成了独具红色气质的革命文化，这集中体现了我们党政治文化的道德理想与价值追求。人民军工的革命政治文化在"红船精神"指引下，具有坚定政治信仰，坚信马克思主义的科学性和真理性，坚定社会主义和共产主义的信念。崇高信仰始终是军工人的政治灵魂，是军工强大的精神支柱。军工人之所以有凝聚力、战斗力，践行着国家利益至上，就是因为具有坚定的共产主义远大理想和中国特色社会主义共同理想，军工文化有了这种理想信念为核心的革命政治文化的支撑，就能使军工人在不同时代做到行动自觉，勇于为理想信念奋斗终生，甘于全心全意为国防科技工业发展服务，不断增强忧患意识、责任意识、使命意识，涵养风清气正的政治生态，成为军工文化建设的坚实基础和强有力支撑。

2. 国防和军队文化

国防科技工业与人民军队是建设国防、保卫国家安全的整体，国防和军队文化深深影响着军工文化。毛泽东同志指出"没有文化的军队是愚蠢的军队，而愚蠢的军队是不能战胜敌人的"，为人民军队建立了文化强军基础。习近平同志指出"国防和军队建设，必须放在实现中华民族伟大复兴这个大目标下来认识和推进，服从和服务于这个国家和民族最高利益"，"保证党对军队的绝对领导，关系我军性质和宗旨、关系社会主义前途命运、关系党和国家长治久安"，"全面实施改革强军战略，坚定不移走中国特色强军之路"，"能战方能止战，准备打才可能不必打"。这些重要论断，指明了国防和军队文化建设的价值与地位、灵魂与核心、方向与思路。人民军队一直秉承宗旨，着力构建具有中国特色的国防和军队文化，包括军人战斗精神培养、军队革命传统精神继承发扬，忠诚于党、热爱人民、报效国家、献身使命、崇尚荣誉的革命军人核心价值观养成等国防和军队文化的主要内容。军工与军队有着天然的关联，一起建设保卫国防，为祖国服务，因此，在军工文化形成发展中融入着国防与军队文化的基因。

3. 人民军工精神

伴随着从兵工到国防科技工业的发展，军工文化在形成和不断丰富中凝结成人民军工精神，它内涵丰富而具体。核科技工业以"两弹"精神、航空科技工业以"航空报国"精神、兵器科技工业以"把一切献给党"为核心的人民兵工精神、船舶科技工业以核潜艇精神、军事电子科技工业以预警机精神为代表的行业文化形成和不断丰富，特别是航天科技工业形成了中国航天"三大"精神，从航天精神到"两弹一星"精神，再到载人航天精神和探月精神，明确了航天事业必须坚持的指导方针和发展道路，体现了航天工作者崇高的思想品质和精神风貌，反映了航天工作者过硬的工作方法和工作作风，奠定了航天文化基础。军工文化正是集合了核、航空、航天、兵器、船舶和电子等及配套行业的优秀精神，并在共同服务于国防与军队建设中形成发展。

（二）吸纳传统优秀文化

中华传统优秀文化是军工文化形成的重要组成部分，儒家文化等特别是君子文化深深影响着军工人的文化人格。君子文化是中华民族独特的精神标识，是中华民族特有的文化概念，也是中国人独特的理想人格，是民族伦理的基本要素和民族精神的集中体现，也是几千年来推动中华文明生生不息的正能量和主旋律，在军工文化中有着君子文化等中华传统优秀文化的影响。

1. 君子理想追求

从人民兵工到国防科技工业的发展，几代军工人身上都有着君子理想追求。君子文化崇尚的是"为天地立心、为生民立命、为往圣继绝学、为万世开太平"的理想追求，展示的是勇于承担时代重任、关心天下兴亡的担当精神和家国情怀。在中华民族的历史长河中，无数仁人志士，为了实现民族进步和国家富强，笃守德善之道，鞠躬尽瘁，勇往直前。特别是在民族生存的危难时刻,他们挺身而出,义无反顾,杀身成仁,舍生取义。正是在君子文化的熏陶下,中华民族形成了勤劳勇敢、自强不息、爱好和平、团结统一的伟大民族精神。这一伟大民族精神,闪耀着光照千秋的浩然正气,挺立起中华民族的不屈脊梁,捍卫了中华民族的崇高尊严,促进了中华民族的进步发展。君子文化所崇尚的关心天下兴亡、承担时代重任的担当精神和家国情怀,在军工文化培育和践行核心价值观中,对于"富强、民主、文明、和谐"国家层面的价值观实现,一直具有极为重要的引导作用。

2. 君子道德规范

从人民兵工到国防科技工业的发展,几代军工人一直遵循着君子道德规范。先秦儒家提出了以"仁义"为核心的价值体系。孔子以"仁、义、礼"构建礼治秩序,孟子延伸为"仁、义、礼、智"。西汉中期以后,新儒家杂糅了法家、道家、墨家、阴阳家、兵家等各个学派,建构了中国古代社会的正统价值学说体系。董仲舒将孔孟的基本价值规范扩充为"仁、义、礼、智、信",仁义作为中国传统伦理的核心要义,对忠孝、智勇、诚信、廉耻、勤俭等其他伦理价值规范具有统领作用。君子文化要求人们在自身的社会行为过程中,始终持守道德规范,做到讲求仁爱、持守正义、诚实守信、宽恕恭敬、自强不息、厚德载物、与人为善、明辨是非。君子文化所倡导的这些道德规范,是构成个人道德品质的重要内容,是判断个人道德水平高下的重要标志,它不仅成为中华民族的传统优秀美德,而且也是社会发展的道德风尚。军工人继承发扬君子文化所崇尚的仁爱正义、诚实守信、自强不息、厚德载物等传统美德,对于"爱国、敬业、诚信、友善"个人层面价值观实现,具有直接有力的实践作用。

3. 君子精神

君子文化强调个人在其行为过程中,要做到以忠诚守信为原则,以守礼遵法为规范,完成自身的社会职责义务,营造诚信友善的人际关系,促进社会和谐有序地运行。个人只有自觉自律地遵守社会纲纪和道德规范,完成自身的社会职责义务,才能展示出自身存在的人生价值,推动社会的进步发展。君子文化强调为人处世要具有大丈夫精神，这种精神表现为"富贵不能淫，贫贱不能移，威武不能屈""穷则独善其身，达则兼济天下"，这才是君子应当具有的行为方式。君子文化所主张的笃守道义、尽职守责的行为方式，将个人的道德完善实践与责任义务完成，以及个人价值实现与社会和谐进步紧密地结合在一起，不仅塑造了中华民族所推崇的理想人格，也推进了中华民族优秀精神的形成，在军工文化培育和践行核心价值观中，对于"自由、平等、公正、法治"社会层面价值观实现，具有切实有效的促进作用。军工人成为现代君子精神的代表。

（三）研究借鉴外来先进文化

从人民兵工厂建立开始，到国防科技工业体系建设，军工人不断学习借鉴先进外来技术与管理，其中包括组织文化、科技文化和工业文化等。

1. 组织文化

组织文化是由其价值观、理念、制度、符号、行为方式等组成的特有的文化形象，体现在组织日常运行的各方面。企业文化是一类组织文化。职工文化是与企业文化相对应的文化形态，职工文化以职工为本，是一种素质文化，企业文化以企业为本，是一种管理文化。企业文化是在一定的条件下，企业生产经营和管理活动中所创造的具有该企业特色的精神财富和物质形态，它包括文化观念、价值观念、企业精神、道德规范、行为准则、历史传统、制度规范、文化环境、企业产品等，其中价值观是企业文化的核心，这里的价值观不是泛指企业管理中的各种文化现象，而是企业或企业中的员工在从事经营活动中所秉持的价值观念。企业文化是企业的灵魂，是推动企业发展的不竭动力。企业文化通过企业制度的严格执行衍生而成，制度上的强制与激励最终促使群体产生某一行为自觉，这一群体的行为自觉便组成了企业文化。军工文化的基础单元是组织文化，包括企事业单位文化等，军工企事业单位在结合实际、学习借鉴先进组织文化和创新发展中所形成的文化体系是军工文化的基础。

2. 科技文化

科技文化在社会科技活动中形成，是科技建制的灵魂，它包含科技价值观、科技规范、科技行为、科学精神和科技实物等。科技价值观包含着科技信仰和科技精神等，科学精神、科学方法、科技观念等是科技文化系统的构成要素。科技文化是科技工作共同体行为的基本准则，同时科技文化树立的追求真理的文化品质，以及它带动起来的民众崇尚科学的精神氛围，代表了人类的共同追求，超越了经济的局限性，不断为社会的持续发展开拓更为广阔的空间。先进科技文化是科技与产业创新的精神动力和文化基础，是支撑一个国家工业创造力、竞争力、影响力和可持续发展能力的文化根基，激励创新的制度和文化是科技与制造强国崛起的根本保证。国防科技工业是先进科技的产业，军工文化融入了科技文化的基因。国防科技工业发展实践中的要素解析与系统创新，也推动着中国科技文化的成长。

3. 工业文化

工业文化的产生源于英国的工业革命。200多年来，工业文化伴随着工业化进程而发展，对推动工业由小变大、由大变强具有基础性、长期性、关键性的影响作用。工业文化在工业化进程中衍生、积淀和升华，时刻影响着人们的思维模式、社会行为及价值取向，是工业进步最直接、最根本的思想源泉，是建设制造强国的强大精神动力，是推动经济提升发展的关键因素，是经济社会发展的重要动力，是打造国家软实力的重要内容。工业文化与时俱进，长盛不衰，经历着巨大的变革，成为推进工业化、现代化的主导文化。优秀的工业文化，在促进技术创新、提升产品质量、完善发展环境等方面有着极其重要的意义。在这一进程中，德国、美国、日本等发达国家形成了各有特色的工业文化，世界上最优秀的制造业，如德国制造、日本制造、瑞士制造，背后都有着先进工业文化的支撑。在新中国工业发展中，从注重企业精神挖掘、学习借鉴工业文化理论到建立中国特色工业文化体系，不断建设工业文化发展的重要基础，把工业文化建设融入工业发展的全过程，在吸收传统优秀工业文化的基础上，借鉴世界工业文化先进经验，博采众长、兼收并蓄，进行着建立健全中国特色工业文化理论体系、政策体系和工作体系，推动中国特色工业文化的创新性发展、创造性转化，不断提升着中国工业软实力。国防科技工业是国家工业体系的特殊部分，军工文化融入中国特色工业文化的要素是必然过程，同时军工文化的先进发展对中国工业文化创新发展做出应有贡献。

军工文化体系伴随着国防科技工业发展而形成，军工文化体系在凝练红色文化、吸纳传统优秀文化、研究外来先进文化中，在各军工行业通过长期的实践，在各军工行业文化基础上形成发展，构成了具有中国特色社会主义军工文化体系。

第二篇　军工文化的内涵要义

伴随着人民兵工到现代国防科技工业的发展，军工文化诞生、成长，在凝练红色文化、吸纳传统优秀文化、借鉴外来先进文化中，在各军工行业的长期实践中，构成了中国特色社会主义军工文化体系。军工文化是国防科技工业的内在组成部分，也是国防科技工业的标志性内容展现。广义而言，军工文化包含着在国防科技工业创新发展实践中所创造的全部物质财富和精神财富。狭义而言，是指在国防科技工业创新发展实践中所形成的精神、意识、观念等价值观念和行为模式，以及与之相适应的组织制度、行为方式和物化形态。军工文化是各创新主体和相关主体文化的交集、凝聚和升华。按照军工文化结构要素分析，军工文化的结构要素可以分为三个层面，即军工精神文化、军工行为文化和军工物质文化。

一、军工精神文化

军工精神文化是在从事国防科技工业的实践活动中所形成的意识形态、共同追求、共同认识和行动指南，是军工事业之魂，是推动国防科技工业创新发展的强大精神动力。军工精神文化以国防科技工业价值观为核心，以军工精神为集中体现。

（一）军工精神文化的典型

从人民兵工到国防科技工业的发展中，传承红色基因，诞生了人民兵工精神、"三线"精神、航空报国精神、"两弹"精神、核潜艇精神、预警机精神、"两弹一星"精神和载人航天精神等，生动显现了国防科技工业的精神文化，其中人民兵工精神、"两弹一星"精神、载人航天精神和人民军工精神是典型代表。

1. 人民兵工精神

人民兵工是人民军工的摇篮，是国防科技工业的重要组成，为夺取革命战争的胜利、为保卫祖国的安宁、为支援社会主义建设、为巩固世界和平做出了重大贡献。1991年9月15日，为纪念人民兵工创建60周年，江泽民同志题写了"自力更生、艰苦奋斗、开拓进取、无私奉献"十六字的人民兵工精神，它以"把一切献给党"为内核，是人民兵工的红色基因，是"中国兵工之魂"，是中华民族自尊、自信、自强的民族精神的集中表现，是中国民族传统美德的内在反映，是几代中国兵工人前仆后继、浴血奋战，用鲜血和生命铸就的，是革命战争时代、和平建设时代和改革开放时代千千万万兵工人信念信仰、精神风貌的真实写照，也是鼓舞一代代兵工人在各个历史时期创造丰功伟绩的精神原动力。

2. "两弹一星"精神

在20世纪五六十年代，面对严峻的国际形势，为了抵御帝国主义的武力威胁和打破大国的核讹诈、核垄断，尽快增强国防实力、保卫和平，党中央和毛泽东同志果断决定研制"两弹一星"。中国科技工作者在物质技术基础十分薄弱的条件下，在较短的时间内成功地研制出了核弹（原子弹和氢弹）、导弹和人造卫星，创造了非凡的人间奇迹。1999年9月18日，江泽民同志在表彰为研制"两弹一星"做出突出贡献的科学家时，阐述了"两弹一星"的伟大精神：热爱祖国、无私奉献，自力更生、艰苦奋斗，大力协同、勇于登攀。江泽民同志强调，"两弹一星"精神，是爱国主义、集体主义、社会主义精神和科学精神的活生生的体现，是中国人民在20世纪为中华民族创造的新的宝贵精神财富。2011年，习近平同志也指出"'两弹一星'精神激励和鼓舞了几代人，是中华民族的宝贵精神财富"。

3. 载人航天精神

1992年9月21日,中国决定实施载人航天工程,并确定了"三步走"的发展战略:在第一艘载人飞船发射成功后,突破载人飞船和空间飞行器的交会对接技术;利用载人飞船技术改装、发射一个空间实验室,解决有一定规模的、短期有人照料的空间应用问题;建造载人空间站,解决有较大规模的、长期有人照料的空间应用问题。2003年11月7日,在庆祝我国首次载人航天飞行圆满成功大会上,胡锦涛同志指出,在长期的奋斗中,我国航天工作者不仅创造了非凡的业绩,而且铸就了"特别能吃苦、特别能战斗、特别能攻关、特别能奉献"的载人航天精神。2005年11月26日,在庆祝"神舟六号"载人航天飞行圆满成功大会上,胡锦涛同志把载人航天精神进一步概括为:热爱祖国、为国争光的坚定信念,勇于登攀、敢于超越的进取意识,科学求实、严肃认真的工作作风,同舟共济、团结协作的大局观念和淡泊名利、默默奉献的崇高品质。2013年7月26日,习近平同志在会见"神舟十号"载人飞行任务航天员和参研参试人员代表时强调:"我们培养造就了一支特别能吃苦、特别能战斗、特别能攻关、特别能奉献的高素质人才队伍,培育铸就了伟大的载人航天精神。广大航天人展现出了坚定的理想信念、高昂的爱国热情、强烈的责任担当、良好的精神风貌,你们不愧是思想过硬、技术过硬、作风过硬的英雄团队。"

4. 人民军工精神

2011年是人民军工创建80周年。人民军工自江西兴国官田村诞生,走过了80年的辉煌历程。80年来,从战争年代"把一切献给党"的吴运铎精神、社会主义建设时期的"两弹一星"精神,到新时期的载人航天精神,人民军工积累形成了"自力更生、艰苦奋斗,军工报国、甘于奉献,为国争光、勇攀高峰"的军工精神。2011年10月20日,纪念人民军工创建80周年大会在北京隆重召开,胡锦涛同志致信祝贺并明确指出,建设先进的国防科技工业,关系国家安全和发展战略全局,并对国防科技工业提出明确要求,要大力加强社会主义核心价值体系建设,认真总结人民军工80年的历史经验,继承人民军工的优良传统，弘扬军工精神，努力培育和建设先进的军工文化。80年来，在党中央领导和亲切关怀下，国防科技工业与时俱进，砥砺向前，经历了革命战争的锻炼与洗礼，创业建设的磨砺与考验，改革开放的探索与发展，从无到有，从小到大，由弱变强，由最初单一从事简单枪炮弹药等兵器维修生产的手工作坊，发展为今天拥有雄厚科研生产实力，覆盖核、航空、航天、船舶、兵器、军工电子等行业和领域的完整的国防科技工业体系，取得了辉煌的成就，极大增强了我国的国防实力、科技实力、综合国力和民族凝聚力，为中华民族的独立解放，为捍卫国家主权、安全和国家利益，做出了不可磨灭的历史贡献。以军工精神为核心内涵的先进军工文化，始终激励着军工人坚持自主创新，铸造大国利剑，捍卫国家根本利益。

（二）军工精神文化的内涵要义

从精神文化层面分析，军工文化是在中国共产党领导下，伴随着人民军工的发展而形成的，以"两弹一星"精神、载人航天精神和人民军工精神为指引，体现爱国主义为特色的民族精神和以改革创新为特征的时代精神，是全体军工人秉承"把一切献给党""国家利益至上"的崇高道德追求，始于土地革命时期，成长发展于战争年代，丰富发展于国家建设各个时期，承载着光荣的革命历史和革命传统，是人民军工发展壮大的精神支柱。军工精神文化是国防科技工业形成和发展的精神集合，有着丰富的内涵，需要我们结合新时代中国特色先进国防科技工业体系发展，不断对其内涵要义进行深入研究和挖掘。

1. 热爱祖国、军工报国

爱国主义是国防科技工业的一贯传统，爱国主义是军工人在实际行动中体现出的对祖国的积极支持态度，集中表现为民族自尊心和民族自信心，为保卫祖国、建设祖国而立足岗位、发奋工作、勇往直前的奋斗行动。爱国即热爱祖国，热爱祖国是军工文化核心内涵的核心。国家利益高于一切，把一切献给党，这是军工人的价值取向与追求。从人民兵工精神、"两弹"精神、预警机精神到"两弹一星"精神、载人航天精神、军工精神，无不体现着这一核心。报国就是为国家效力尽忠；

军工报国就是军工人以自己的实际工作业绩为国家效力尽忠,为强军服务。

1999年9月18日,在庆祝中华人民共和国成立50周年之际,党中央、国务院、中央军委决定,对当年为研制"两弹一星"做出突出贡献的23位科技专家予以表彰,并授予于敏、王大珩、王希季、朱光亚、孙家栋、任新民、吴自良、陈芳允、陈能宽、杨嘉墀、周光召、钱学森、屠守锷、黄纬禄、程开甲、彭桓武"两弹一星功勋奖章",追授王淦昌、邓稼先、赵九章、姚桐斌、钱骥、钱三强、郭永怀"两弹一星功勋奖章"。他们中只有于敏和钱骥没有留学经历,其他21位主要留学美、英、法、德等国家,其中去美国者最多,达11人;他们平均在国外时间为7年,其中钱学森在美国生活了20年,郭永怀在国外生活了17年。但这些元勋都放弃了国外优越的工作和生活条件,回到了刚刚成立的新中国。百废待兴,科技条件极为落后,工作条件极为简陋,生活条件极为艰苦,但他们热爱自己的祖国,澎湃着一腔报国热血,创造了非凡业绩。特别是元勋郭永怀,出生于山东省一个世代务农的家庭,北京大学物理系大学毕业,之后在美国加州理工学院,师从国际航空大师冯·卡门,获得博士学位,1946年9月,出任美国康乃尔大学航空工程学院助理教授;1947年年底,晋升为副教授;1955年夏,晋升为正教授,成为享誉世界的空气动力学家、应用数学家。1956年,他偕全家回到祖国,在中国科学院力学研究所工作。1958年,任刚成立的中国科技大学力学系副主任及化学物理系主任;1961年4月,郭永怀临危受命,与实验物理学家王淦昌、理论物理学家彭桓武,受聘核武器研究所副所长,组成了中国核武器研究最初的"三大支柱",他们急国家所急,改变研究方向,服从祖国需要,转入核武器研制。郭永怀历任核武器研究所副所长、九院副院长,负责力学和工程学方面的领导工作。在一无图纸、二无资料的情况下,他们开展了原子弹的理论探索和研制工作,迅速掌握了原子弹的构造原理。1963年7月,中央决定将核武器研究院总部迁往青海高原一片荒凉的沙漠里。1964年10月16日,在新疆罗布泊核试验基地,中国第一颗原子弹爆炸成功。1967年6

月17日，中国第一颗氢弹空爆试验成功。1968年12月5日，郭永怀乘坐飞机回京，途中飞机失事，他和警卫员紧紧拥抱在一起，用胸口保证了机密公文包完好无损，他们壮烈牺牲。1968年12月25日，中华人民共和国内务部授予郭永怀烈士称号；1999年9月18日，中共中央、国务院、中央军委追授郭永怀"两弹一星功勋奖章"。

歼-15舰载机工程总指挥罗阳是改革开放新时代培养的军工人的楷模，他2012年11月25日执行任务时，不幸殉职，终年51岁。罗阳的一生是航空报国的一生，他将自己30多年的全部精力和智慧都奉献给祖国航空事业的发展，歼-15舰载机是快速研制成功的杰出成果，为此他直至生命最后一刻。罗阳用身躯践行了航空报国的伟大宗旨，成为一代军工人的杰出代表。习近平同志2012年11月26日做出重要指示，要求党员学习罗阳优秀品质和可贵精神，学习他身上所具有的信念能量、大爱胸怀、忘我精神、进取锐气。

2018年8月20日，第18号台风"温比亚"过境大连市，受其影响，停靠在第760研究所的国家某重点试验平台出现重大险情，对提升我国船舶多项核心关键技术水平具有重要意义的平台如脱缰的野马剧烈摇晃，一旦失控，后果不堪设想。在危急紧要关头，所党委委员、副所长黄群带领宋月才、姜开斌等11名同志组成抢险队，对试验平台进行加固作业。作业过程中，黄群、宋月才、姜开斌同志被巨浪卷入海中，英勇牺牲。他们用生命谱写了军工人初心不改、信念当先、许党报国的壮歌。黄群是60后军工人的杰出代表，1997年10月加入中国共产党。51岁的黄群，从武汉调来第760所仅仅480多天，事发前一日还在办公室通宵值班。在整理黄群遗物的时候发现，调来的480多天里，黄群使用了5个笔记本，3本大的都快记满了，其中在一篇学习十九大报告的体会中，黄群在标题上写道："牢记使命，勇于担当，为760所高质量发展提供保障。"在一个"三会一课"记录本上，黄群工工整整地写下了完整的入党誓词。"随时准备为党和人民牺牲一切。"8月15日写下这句话，20日黄群用自己的行动做出了诠释。"只有奋斗的一生才称得上幸福的一生。"黄群在笔记本上写下的这句话，他一生都在践行。宋月才和姜开斌都是 50 后，都曾在海军服役，已经退休，但试验平台重新点燃了他们年轻时干事业的激情，他们成为黄群带领的抢险队成员，冲上码头，对平台进行加固作业，监控视频里留下了他们一往无前的身影。

2. 自力更生、艰苦奋斗

自力更生就是依靠自己的力量改变原来的情况而发展兴旺起来，自力更生是中华民族生存发展的基点，是中国共产党奋斗前行、事业发展的源泉，是军工人干事创业的信心坚守。艰苦奋斗是立足于艰苦条件的奋斗。军工人推崇的艰苦奋斗，不是抑制人们正当的物质追求和精神享受，而是一种勤俭节约、艰苦朴素的传统美德，一种自力更生、不等不靠的自主精神，创造条件干事成业的工作态度。艰苦奋斗才有出路，自强不息方有前途。奋斗是中华文明兴盛之源，奋斗是立党立国之基。中华民族具有一往无前、同心奋斗、自强不息、厚德载物的品质。历史和实践都表明，一部中国共产党的发展史，就是在逆境中奋发、在奋斗中自强的历史。伟大奋斗精神是我们党和国家最闪亮的精神标识和精神密钥。历史只会眷顾坚定者、奋进者、搏击者，而不会等待犹豫者、懈怠者、畏难者。人民军工的发展历史，就是一代又一代军工人英勇奋斗、艰苦探索、创新发展的历史。艰苦奋斗精神是中华民族最宝贵的精神财富、最丰沛的精神力量。一切伟大成就都是接续奋斗的结果，一切伟大事业都是在继往开来中奋力推进的。饱含丰厚的物质文明和丰富的精神文明在内的中华文明，都是靠奋斗积淀而凝成的结晶。伟大奋斗精神不是一天炼成的，是由一个个鲜明具体的"坐标"组成的，进而形成一个可以长久滋养后人的价值谱系和百折不挠的斗争品格。中华民族是一个具有顽强斗争精神的伟大民族，从威武不能屈，到粉身碎骨浑不怕，再到同敌人血战到底的气概，百折不挠、坚强不屈的斗争精神深深熔铸于中华民族品格之中。中国革命的胜利、建设的成就、改革的推进都是靠斗争拼出来、干出来、闯出来的，不为私利而争，而是直面前进道路上的新情况、新问题，以动真碰硬、不达目的誓不罢休的精神状态，自力更生，奋发图强，闯关夺隘、善作善成的意志品格，不断攻坚克难，推动各种困难问题的解决。奋斗是具体的,而不是抽象的,主要体现在功成不必在我的精神境界和功成必定有我的历史担当、奋斗姿态和奋斗作为。从人民兵工到国防科技工业,无不是在条件异常艰苦,缺乏设施、装备、技术等种种困难条件下,攻坚克难、创新发展而取得成功。抗日战争中的人民兵工厂,生产物资匮乏,生活条件艰苦,还要准备随时同敌人作战;"三线"建设中,新中国军工人克服了生活和生产基础的种种困难,艰苦创业,无私奉献,团结协作,勇于创新,"献了青春献终身,献了终身献子孙"。艰苦奋斗的拼搏精神在引领新中国精神国防科技工业创新发展中,深化着国防科技工业精神文化的内涵。

"自力更生、创新图强、协同作战、顽强拼搏",是科研人员在研制中国预警机时形成的预警机精神。王小谟院士以自己的奋斗诠释了这一精神。中国同某国合作研究预警机,王小谟院士是中方的总设计师。当时的设想是先合作研究,研究完了以后中国自己生产。但是在合作过程中,该国不给我们核心技术,因此做了"同步研制"的决策。到后来,该国迫于美国的压力终止了和我们的合作。在这种情况下,党中央、中央军委决定,研制中国人自己的预警机!最后,经过全体科研人员几年的不懈努力,研制成功了中国自己的预警机。"要创新,首先你要相信自己不会比别人差,别人能想出来的东西你也一定能够想出来。"在预警机研制的过程中,王小谟院士坚信我们中国人一定能行,我们不比别人差,我们一定能独立自主地把预警机搞出来。

倪志福曾是北京永定机械厂的钳工。1953年他经过研究、反复试验,发明了高效、长寿、优质(加工精度高)的"三尖七刃"钻头,解决了当时完成紧急任务的关键难题,其先进性得到世界公认。倪志福的发明被命名为"倪志福钻头"。机械工业部、全国总工会于1956年联合做出决定向全国推广。对技术精益求精的倪志福,又根据生产实践的不同需要,使"倪钻"发展成适用于钢、铸铁、黄铜、薄板、胶木、铝合金及毛坯孔、深孔等不同材质、不同加工要求的系列钻头。倪志福的发明,得到了永定机械厂领导、同事和北京工业学院等单位科技人员的支持。为此,倪志福谦虚地把"倪志福钻头"称为"群钻"。这种功成不必在我的精神境界和功成必定有我的历史担当、奋斗姿态和奋斗作为是军工人的生动写照。

3. 求真务实、勇攀高峰

求真务实是坚持马克思主义科学世界观和方法论的本质要求，体现了马克思主义所要求的理论和实践、知和行的具体的历史的统一。所谓"求真"，就是"求是"，也就是依据解放思想、实事求是、与时俱进的思想路线，去不断地认识事物的本质，把握事物的规律。所谓"务实"，则是要在这种规律性认识的指导下，去做、去实践，实现求真与务实的统一。求真务实是中国共产党的一以贯之的优良传统和作风，是各项事业不断取得新胜利的根本保证。勇攀高峰是向着既定目标无畏前行，挑战"不可能"是勇攀高峰的创新精髓。中国军工人"敢于走前人没走过的路"，"勇于攻坚克难、追求卓越、赢得胜利"。挑战"不可能"体现的是意志。只有意志坚强、不忘使命、爱岗敬业、砥砺奋进、持之以恒，挑战"不可能"才会实现，这样，创新主动权、发展主动权就会牢牢掌握在我们自己手中。国防科技工业要为打胜仗提供武器装备，战场只有第一，没有第二，真刀真枪上战场，能打胜仗为第一，因此，国防科技工业注重科学精神，敢于追求真理，崇尚严慎细实，坚持脚踏实地，在勇攀高峰中屹立，在创新中发展。武器装备不仅要求先进的性能指标，而且要求质量可靠性等指标，这就要求国防科技工业在脚踏实地中求真务实，在求真务实中勇攀高峰。国防科技工业求真务实、勇攀高峰的品质深深体现在对国际国内局势的科学判断、国防科技工业的科学布局、领导管理体制的科学构建等许多层面，一直是国防科技工业文化的重要本质特征。

"两弹一星"元勋是求真务实、勇攀高峰的杰出代表。王淦昌是著名核物理学家，中国惯性约束核聚变研究的奠基者，是中国核武器研制的主要科学技术领导人之一。赵九章是地球物理学家和气象学家，是中国地球物理和空间物理的开拓者，人造卫星事业的倡导者、组织者和奠基人之一。郭永怀是中国力学事业的奠基人之一，在力学、应用数学和航空事业方面有卓越贡献。钱学森被誉为"中国导弹之父""中国火箭之父"。钱三强是原子核物理学家,中国原子能事业的主要奠基人和组织领导者之一,在研究铀核三裂变中取得了突破性成果。王大珩是光学专家,中国光学界的主要学术奠基人、开拓者和组织领导者,开拓和推动了中国国防光学工程事业。彭桓武是理论物理学家,参与并领导了中国的原子弹、氢弹的研制计划。任新民是航天技术和火箭发动机专家,中国导弹与航天事业开创人之一,曾任卫星工程总设计师。陈芳允是无线电电子学家,提出方案并参与研制出原子弹爆炸测试仪器,并为人造卫星上天做出了贡献。黄纬禄是自动控制和导弹技术专家,中国导弹与航天技术的主要开拓者之一,曾任中国液体战略导弹控制系统的总设计师。屠守锷是火箭技术和结构强度专家,曾任地空导弹型号的副总设计师,远程洲际导弹和"长征二号"运载火箭的总设计师。吴自良是材料学家,在分离铀235同位素方面做出突出贡献。钱骥是地球物理与空间物理学家、气象学家、航天专家,是中国人造卫星事业的先驱和奠基人。程开甲是核武器技术专家,中国第一颗原子弹研制的开拓者之一、核武器试验事业的创始人之一,核试验总体技术的设计者。杨嘉墀是中国航天科技专家和自动控制专家、自动检测学的奠基者,领导和参加了卫星总体及自动控制系统研制。王希季是卫星和卫星返回技术专家,任返回式卫星总设计师。姚桐斌是导弹和航天材料与工艺技术专家,中国导弹与航天材料、工艺技术研究所的主要创建者、领导者。陈能宽是材料科学与工程专家,从事原子弹、氢弹及核武器的发展研制。邓稼先是理论物理学家、核物理学家,在原子弹、氢弹研究中,领导了爆轰物理、流体力学、状态方程、中子输运等基础理论研究。朱光亚是核物理学家,从事核反应堆的研究工作,出任工程院首任院长。于敏是核物理学家,从事核武器理论研究,在氢弹原理突破中解决了热核武器物理中一系列关键问题。孙家栋长期领导中国人造卫星事业,是卫星计划技术总负责人,中国探月工程总设计师。周光召是理论物理、粒子物理学家,从事核武器的理论研究工作,曾任中国科学院院长。于敏和孙家栋2019年获得国家"共和国勋章"。

4. 协同创新、甘于奉献

协同包含协和、同步、和谐、协调、协作和合作之意,是两个或者两个以上的不同资源或者个体,协同一致、互相配合地完成某一目标的过程或能力。协同创新是指创新资源和要素有效汇聚,通过突破创新主体间的壁垒,充分释放彼此间"人才、资本、信息、技术"等创新要素活力而实现深度合作。协同创新是各个创新主体要素内实现创新互惠:知识的共享、资源优化配置、行动最优同步、高水平的系统匹配度。军工的协同创新就是为了实现国防科技工业发展的目标任务,发挥社会主义优越性,集国家优势资源,所有参与这项事业的单位或个人团结一致、胸怀全局、服从整体、密切配合、互相支持,共同完成神圣的使命。大力协同的合作意识是全局意识、集体意识、民主意识。搞好大力协同,就需要甘于奉献。大力协同,全国一盘棋,充分发挥社会主义制度能够集中力量办大事的优势,成为一条熔铸民族之魂的高科技发展之路;大力协同,万众一心,众志成城,已成为国防科技工业的优良传统,成为一条体现民族凝聚力、向心力的进步之路。从"两弹一星"到"神舟飞天",从"北斗巡天"到"嫦娥奔月",从歼-20到国产航母装备部队,所体现出的这种大力协同精神,是军工文化的重要传承发扬。实现协同创新需要甘于奉献的高尚情操,忠诚服务,高度负责,团结协作,勤勤恳恳,任劳任怨,淡泊名利,廉洁清正,忘我工作,在工作和奉献中体现自己的人生价值。甘于奉献不只是一种美德,更是一种精神力量,一种不忘初心、砥砺前行的动力。

"两弹一星"是全国大力协同的成果。在制定第一颗原子弹研制方针时,就明确为:"主要技术以我为主,同时要积极考虑全国大力协同。"实践证明,这一方针完全正确,原子弹是在全国大力协同中研制成功的,是全国人民的成果。原子弹的理论计算、物理爆炸试验、各项主要技术攻关突破、核材料生产等方面,都必须由核科技工业系统自己负责研究解决。但是,原子弹的其他相关部件、器件、测试手段以及相关的配套协作工程十分庞大,涉及国防各工业部门、民用部门、科学研究部门、大专院校、各军兵种许多部门,是全国系统配套工程,只有直接参与这项工作的人,才能深刻体会全国大力协同创新的意蕴。例如,原子弹本身直接配套的特种雷管、炸药是兵器工业所属厂所研制的,许多特殊电子元器件是电子工业所属厂所研制的,一个协作配套项目仅中央各部、中国科学院、部队科研生产部门以及地方工业部门就有数十家,涉及航空、冶金、机械、电气、电子、轻工、化工等许多行业。我国第一颗原子弹试验爆炸成功后,陈毅元帅来看望聂荣臻元帅时风趣地说:"你立了大功,我这个外交部部长腰杆硬了,气顺了,裤子也不用当了。"聂帅却谦逊地说:"没有中央、主席、总理和军委你老兄们的领导和支持,没有全国的大力协同,没有科技人员的齐心协力,我又能怎么样啊。"从特种雷管、炸药到电子元件、器件,从高速照相机、特殊示波器、精密天平到托举原子弹的铁塔、运输物资和人员的解放牌汽车……原子弹的相关部件、器件、测试手段以及相关的配套协作工程十分庞大,几乎各行各业都为原子弹爆炸做出了贡献。"党政军民和各行各业都为国防科研事业开'绿灯',要人给人,要物给物;先后有26个部委(院),20个省、市、自治区,900多家工厂、科研机构、大专院校及各军兵种参加会战,演奏了一曲气壮山河的壮美乐章。"钱学森说:"称我为'导弹之父'是不科学的,因为导弹卫星工作是'大科学',是千百人大力协同才搞得出来,只算科技负责人就有几百……"于敏院士也婉拒"氢弹之父"的称谓,他说,核武器事业是庞大的系统工程,是在党中央、国务院、中央军委的正确领导下,全国各兄弟单位大力协同完成的大事业。在艰苦卓绝的环境面前,在惊天动地的伟大成就面前,德高望重的元帅、"两弹一星"的功勋科学家们和无数参与其中的人都牢牢记住了这样一条经验:大力协同。梁思礼院士曾指出:自力更生、艰苦奋斗、大力协同、无私奉献、严谨务实、勇于攀登,这24个字是中国航天事业实践经验的高度概括和总结,也是中国航天事业的传家宝,也应该是全国的传家宝。

再说预警机的研制。飞机的改装是一项复杂的系统工程,要一个点一个点地去测外形,测完以后要做风洞试验,涉及一系列航空安全的问题,因此就需要航空和电子两大部门团结协作。另外还要把全国都动员起来,相关各个科研单位都参与这样一个工程。能够集中力量办大事,这也是为什么其他国家用了十几年,而我们只用五年就能把预警机研制出来的原因。

5. 锐意进取、为国争光

锐意进取是指意志坚决地追求上进，下决心强化前行，力图一定有所作为。为国争光是锐意进取的目标和结果导向，只有树立为国争光的坚定信念，追求为国争光的成果，才可能锐意进取、勇往直前。锐意进取、为国争光是中国共产党领导下的中国人民的时代精神，是社会主义中国从小变大、由弱到强的身体力行。国防科技工业是国家战略性产业，是国家科技创新的高地，是国家国防安全的基石，决定了其发展必然是一个持续的锐意进取、自主创新、为国争光的过程。国防科技工业的发展是基于前沿科学理论的重大突破基础之上，通过对相关技术领域进行群体性的原始创新和集成创新实现的，这其中大量的研究开发工作都超出了目前的知识范畴和经验积累，因此，攻坚克难是国防科技工业发展过程中的常态，必须要以锐意进取的创业意识，勇于探索，解决难题，才能有所创新，占领制高点，做大做强国防科技工业。锐意进取、为国争光是国防科技工业持之以恒的秉性。

黄旭华是中国第一代攻击型核潜艇和战略导弹核潜艇总设计师，中国核潜艇研制的开拓者之一。1949年，黄旭华大学毕业时成为中共预备党员。1954年，黄旭华被调到上海船舶工业管理局，选送参加苏联援助中国的几型舰船的转让制造和仿制工作。1958年，黄旭华调到北京海军，任核潜艇研究室副总工程师，开始核潜艇研究。1966年，黄旭华和一批技术人员进驻工厂，开始设计建造核潜艇。参研人员只参加过苏制常规潜艇的仿制工作，至于核潜艇是什么样的，谁都没见过，见过的只是一个核潜艇玩具。黄旭华带领设计人员锐意进取、创新图强，克服国外技术封锁加大的研发困难，搞出了比常规流线型潜艇水下阻力更小的水滴形潜艇结构，同时解决了核潜艇设计制造的一系列难题，成功研制出中国第一艘核潜艇。1974年8月1日，中共中央军委发布命令，将中国第一艘核潜艇命名为"长征一号"，正式编入海军战斗序列，成为继美、苏、英、法之后世界上第五个拥有核潜艇的国家。1988年，中国核潜艇水下发射运载火箭试验成功，又成为世界上第五个拥有第二次核报复力量的国家。1988年年初，核潜艇按设计极限在南海作深潜试验，黄旭华亲自下潜水下300米。水下300米时，核潜艇的艇壳每平方厘米要承受30公斤的压力，黄旭华指挥试验人员记录各项有关数据，并获得成功，成为世界上核潜艇总设计师亲自下水做深潜试验的第一人。由于严格的保密制度，长期以来，黄旭华隐姓埋名，不能向亲友透露自己实际上是干什么的，也由于研制工作实在太紧张，从1958—1986年，他没有回过一次老家探望双亲。父亲病重，正是工作任务紧张时，他怕组织为难，忍住没有提请假申请，父亲去世了，他也没能回家奔丧。直至父亲去世，老人家也不知自己儿子到底在干什么工作。直到2013年，他的事迹逐渐"曝光"，亲友们才得知原委。1988年南海深潜试验，黄旭华顺道探视老母，95岁的母亲与儿子30年后再相见，此时62岁的黄旭华，也已双鬓染上白发。面对亲人，面对事业，黄旭华隐姓埋名三十载，默默无闻，寂然无名，为国争光。黄旭华1994年当选为中国工程院院士，2017年获得第六届全国道德模范敬业奉献奖，2019年获得国家"共和国勋章"。

三代主战坦克"独臂总师"祝榆生，一生不计名利、甘于奉献。1937年年仅19岁的祝榆生，考入了黄埔军校。1938年1月，祝榆生进入抗大学习军事，同年10月加入了中国共产党。入抗大后不久，他被派往抗日前线，成为八路军主力115师的一员，先后参加过30多次战役战斗，曾任八路军115师司令部参谋、股长，山东滨海军区司令部科长，山东军大处长、副部长。战争期间根据战斗需要，他创造和改进了20余种武器和战斗器材，在战斗中发挥了很大作用。1948年1月，在组织迫击炮敌前试射时，右臂被炸断。1950年9月，出席中华人民共和国全国战斗英雄代表会议。1955年5月，被授予"二级独立自由勋章"和"二级解放勋章"。1959年，祝榆生进入哈军工炮兵工程系任副主任。1960年该系从哈军工分出成立中国人民解放军炮兵工程学院后，担任教育长、副院长等职务，主要分管教学科研工作。1960年，被授予大校军衔。1975年，调五机部兵器科学研究院担任副院长，主管科研。1984年1月，祝榆生被任命为新型主战坦克ZTZ99式主战坦克

（通称三代主战坦克）总设计师，为新型坦克的研制工作做出了卓越贡献。研制期间，祝榆生经常要夹着十几斤重的资料包奔波于各个试验场地，由于没有右臂，行走有时会失去平衡，跌过多少跟头已经记不清了。1990年，祝榆生在去包头协调有关技术问题的路上又重重地跌了一跤，他顾不上胸口的剧痛，一只手抓住公文包，乘坐颠簸的汽车如期赶到会议现场。持续了几个小时的研讨结束了，祝老艰难地扶着桌沿，连站起来的力气都没有了。随行人员这才发现了异样，把祝老强迫送进了医院，这才发现72岁的他已经摔断了三根肋骨。祝榆生是用特殊材料制成的人，这是所有了解祝榆生的人们的共识，关于工作，祝榆生置病残身体于不顾，对待生活，祝榆生奉行节俭。由于一只胳膊做饭不便，祝榆生的食谱上经常出现的就是面包、方便面、剩菜剩饭。对待住房，祝榆生甘居陋室。水泥地板，白粉墙壁，祝榆生却在这里数十年如一日工作不辍，思考不息。由于房屋冬天阴冷，考虑到老人的身体，祝榆生的女儿曾经趁他出差时给有关领导写了一封信，希望组织上能够换一套条件稍好的房子。祝榆生得知此事后，除了将女儿严厉责备一番外，还亲自向该领导另写了一封信，并请求将原信退回。虽然祝榆生不像其他军工前辈一样拥有傲人的学历和名誉，但是他是一个从战争中走来的军工人，他知道战场上真正需要的是什么，他组织各方大力协同，共同攻关，使中国走上了自主研制国际先进水平坦克之路。

　　航空工业是工业明珠，我国的航空工业从诞生的那一天起，就肩负起航空报国的历史重任。以吴大观、罗阳等为代表的一代又一代的航空人牢记"航空报国"的崇高使命，饱含"航空报国"的爱国情怀，承担起作为国防建设和国民经济重要力量的崇高使命和责任。在拼搏中奋进、在奋进中拼搏，锐意进取，创新图强，从仿制军机到自主设计歼–20、歼–30、运–20，从小型民机到C919大型客机，真正实现着几代航空人强军富民、航空报国、为国争光的伟大夙愿。

（三）军工精神文化的哲学境界

　　军工精神文化的哲学境界体现在正确的世界观、人生观和价值观。世界观、人生观和价值观是人的思想的核心，作为人们思想的总开关，指导并支配人的一切行为活动。军工精神文化的哲学境界是军工人群体的世界观、人生观和价值观的集中体现。

1. 辩证唯物主义和历史唯物主义的世界观

世界观的基本问题是意识和物质、思维和存在的关系问题，是指处在什么样的位置、用什么样的眼光去看待与分析事物，它是人对事物的判断的反映。人们在实践活动中，首先形成的是对于现实世界各种具体事物的看法和观点，久之，人们逐渐形成了关于世界的本质、人和客观世界的关系等总的看法和根本观点，这就是世界观。一般说来，人人都有自己的世界观，并以此来观察问题和处理问题。在阶级社会里，世界观运用具有阶级性，不同阶级的人们会形成不同的甚至根本对立的世界观。各种世界观的对立和斗争，归根到底是唯物主义和唯心主义、辩证法和形而上学的斗争，不同的世界观会指导人们采取不同的行动，从而对社会的发展起着促进或阻碍作用。辩证唯物主义和历史唯物主义的世界观是马克思主义世界观，它是认识世界和改造世界的理论武器。其鲜明特点就是实践性、阶级性和科学性的高度统一，这在军工文化中有着生动诠释。马克思主义的世界观是自然、社会、思维发展客观的普遍规律的真实反映，因而全面、深刻、科学地把握客观世界，是军工人的行动指南，也是精神支柱，人民军工发展历程证明只有牢固树立马克思主义世界观，坚定共产主义的理想和信念，抵制唯心主义、封建迷信、拜金主义、享乐主义、个人主义等错误思想的侵蚀和影响，才能不断提高思想水平和工作水平，克服思想上的主观性、片面性、盲目性，减少工作中的失误，增强工作中的原则性、系统性、预见性和创造性。

2. 为人民服务的人生观

人生观是一个人对人生目的和意义的根本看法和态度，人生观是人们在实践中形成的对于人生目的和意义的根本看法，它决定着人们实践活动的目标、人生道路的方向，也决定着人们行为选择的价值取向和对待生活的态度。军工人把国家根本利益视为最高利益，把全心全意为人民服务视为人生的最大价值和快乐，军工文化诠释了怎样才能树立正确人生观，细化体现在军工实践中的正确的理想观、道德观、职业观、处事观。树立正确的理想和坚定的信念,是确立正确人生观首先要解决的一个根本性问题,树立正确的理想观,具体到爱国、信党,把个人的理想同国家利益、民族复兴紧密相连并为之而奋斗。树立正确的道德观:一是政治上成熟,听党指挥,遵纪守规,政令畅通,一级服从一级,一级支持一级,一级对一级负责,站到全局,干好局部,为全局负责,以实在成果让党放心,让人民满意;二是堂堂正正做人,老老实实做事,胸怀豁达,与人为善,诚信相待,大力协同。三是洁身自好,慎微、慎独、慎言、慎行,严以律己。树立正确的职业观:一要志向远大,二要执着追求,三要不懈奋斗,也就是要珍爱自己的工作岗位,对从事的职业有一种自豪感、神圣感和强烈的使命感,爱岗敬业,有所作为,在干好工作中实现自身价值。树立正确的处事观:一是修身养性,有凌云志,无自卑感,心如止水;二是品德操守高尚,言谈举止文雅;三是有平常心,心无旁骛;四是做事刻苦努力,深思熟虑,严谨有序,思维灵活,反应机敏。军工人的优秀代表们都是:做人低调,做事高调;做人真实,做事负责;做人平和,做事认真;做人言而有信,做事诚信为本;做人从一而终,做事一以贯之。

3. 国家利益高于一切的价值观

价值观是指人们关于价值的信念、倾向、主张和态度的系统观点,是人们对事物有无价值和价值大小的一种认识和评价标准,即对自己生存于其中的、构成社会生活的诸要素何者至上、何者为重的看法,包括对经济、政治、道德、人生等所持有的总的看法。人们在社会活动中离不开价值判断。价值判断是关于价值的判断,是指某一特定的主体对特定的客体有无价值、有什么价值、有多大价值的判断,是人们对各种社会现象、问题,往往会作出好与坏或应该与否的判断。人们的价值判断由其价值观所支配。军工文化诠释了树立正确的价值观,军工决定了军工价值观具有特定的政治意义。国家利益高于一切的价值观是军工文化的基本内涵要义。世界观、人生观和价值观三者是统一的,有什么样的世界观就有什么样的人生观,有什么样的人生观就有什么样的价值观。

二、军工行为文化

军工行为文化是在国防科技工业长期实践活动中所形成和发展的行为模式集合,是实践经验和教训的总结,是规范人们行为,使整个军工队伍围绕着一个目标,朝着一个方向前进,并不断取得胜利的重要保障。

(一) 军工行为文化的典型

军工行为文化既贯穿于国防科技工业研究、开发、试制、生产等武器装备产品形成和工程实施的全过程,又融入质量管理、保密管理、安全管理等专项工作中,构成了内涵丰富的多维结构内容,形成了军工特色的质量文化、保密文化、安全文化和型号文化等。

1. 军工产品质量第一

"军工产品质量第一"是军工质量文化的名片。质量文化是指企业在生产经营活动中所形成的质量意识、质量精神、质量行为、质量价值观、质量形象以及企业所提供的产品或服务质量等的总和。军工质量文化是伴随着军工质量管理的发展历程逐步产生和形成的,是军工队伍在从事军工产品质量活动中所形成的具有军工特色的意识形态、行为模式以及与之相适应的物质表征。20世纪60年代,在国防科技工业发展初期,为确保军工产品质量,周恩来同志提出了"严肃认真、周到细致、稳妥可靠、万无一失"的工作要求,集中反映了军工科研生产的特点和军工质量文化的精髓。国防科技工业在改革开放新的发展时期,努力建设并形成具有时代特征、包容行业特点、代表国家和民族利益的先进的军工质量文化,增强国防科技工业的整体素质,满足国防建设和国民经济建设的需要。军工质量文化的内涵核心是军工质量理念和价值观。军工质量文化的理念是军工队伍在从事军工产品研制生产实践中所形成的群体意识,反映了军工队伍共同的追求。军工质量方针是"军工产品质量第一"。军工产品形成过程中,始终要把质量放在首位。没有质量就没有进度,没有质量就没有效益;在质量与进度、质量与效益发生矛盾时，首先要服从质量。军工质量理念："质量是国防科技工业的生命"。质量是军工队伍素质的体现；质量是装备研制成功的保证；质量是战斗力。对国家负责、为用户服务是军工质量生命线。军工质量价值观："质量体现价值，质量创造价值"。军工产品质量体现了综合国力，体现了国防科技工业高科技、高可靠的工业化水平，体现了武器装备的战斗力，同时，也实现了从事军工产品科研生产的全体员工报效祖国的人生价值。

军工质量文化的行为落实是军工文化精神内涵在行为层面的展开和落实。产品质量基于人的工作质量，人的工作质量基于其目标及行为所依据的准则。质量行为准则主要包括：一是照章办事，一次做对。照章办事是保证产品和工作质量的基本要求。规章与标准源于实践，指导实践。遵章循法可以减少反复，保证一次把事情做对、做好。二是严慎细实，缺陷为零。"严、慎、细、实"是针对军工产品的特殊性形成的工作作风。以严格、审慎、细致、扎实的研制生产作风，确保各行为环节准确无误，实现每个零部件、每道工序的"零缺陷"，只有这样才能确保最终产品的"一次成功"。三是集中统一，大力协同。集中统一是针对武器装备的系统性、复杂性和严密性而形成的运作方式。协同与配合是立足于全局，自觉服从整体，追求全系统高质量的保证。四是预防为主，持续改进。预防为主是指产品研制生产应从源头抓起，从预研抓起，从隐患抓起，从基础抓起。加强早期投入是军工产品质量管理的重要方法，经常审视自己的工作，及时发现不足和隐患是实施改进的前提。五是学习创新，追求卓越。学习创新是提高全员质量意识和业务素质的重要途径。只有通过不断学习与创新，努力成为学习与创新型组织和员工，才能与时俱进、提升自我、追求卓越，不断满足用户对产品质量越来越高的要求和期望。

军工质量行为规范是质量理念、质量价值观和行为准则的规范化和制度化。质量法规和制度是为解决质量管理的共性问题，提出的政策导向、工作原则和要求。质量标准与规范是针对军工产品科研生产实践提出的技术和管理要求，包括与产品质量相关的国家标准、国家军用标准、行业标准和企业标准以及完整配套的规范。质量管理体系文件是针对军工产品质量管理，依据相关的规章和标准提出的工作要求，是军工产品研制生产和单位质量管理体系运行、改进的依据。

军工质量文化的物化体现为军工质量文化的理念、追求和行为的外在表征，具有形象性和感知性。军工特色的质量工作系统，特殊的产品、复杂而高风险的系统工程，使军工产品研制生产形成了齐抓共管、互为支撑的质量工作系统。具有质量文化氛围的标志和工作环境，以特定的标志及各种载体，以有序、清洁、安全的工作环境显现具有浓厚军工特色的质量文化氛围，以直观的感受，增强员工的质量意识和责任感，强化质量行为准则，促进工作质量的不断改进和产品质量的不断提高。特殊的使命、民族的利益和建设强大国防的重任，使军工队伍在质量工作实践中，凝练军工质量行为习惯，形成了独特的质量名言口号，如"一次成功""预防为主""零缺陷管理""问题归零""一次把事情做对"等，既显现了军工队伍对质量的追求和行为目标，又成为军工人的行为习惯。军工产品质量体现国家意志，是国防现代化建设的基础，是国家安全的重要保障，与国家命运息息相关，充分体现了军工事业的使命与责任。高质量的军工产品是国防科技工业的品牌形象与品牌效应，是军工产品科研生产单位的无形资产，是国家战略性产品高质量的象征。

2. 军工保密红线

"严守保密红线，保密红线不可逾越"是军工保密文化的名言。军工保密文化是指在武器装备科研、试验、生产、管理等过程中形成和创造的保密意识文化、规章文化和行为文化。保密意识文化指军工单位在保密工作中形成的保密意识成果，是以观念、心理、理论等形态存在的文化，是保密文化的灵魂；保密规章文化指内含于保密制度中的价值观念和行为准则等，是以规章制度等形态存在的文化；保密行为文化指以活动形态表现出来的一种文化，是保密理念在日常工作和个人行为上的外在表现。军工保密文化指导军工单位保密工作建设的发展方向，是保密工作科学开展的理论指导，是保密工作持续展开的价值引导，军工单位保密工作自始至终围绕维护国家利益至上价值观而开展。军工单位保密文化是规范职工保密工作活动的行为准则，保密文化作为保密工作的经验总结和理性提炼，对职工保密意识、保密思想、保密思维方式的孕育和形成产生直接影响，在保密文化的作用下，军工单位职工养成了良好的保密习惯。军工形成了探索实践规律，加强保密理论研究，科学总结工作经验，由感性认识提升为理性认识的保密文化，并不断加强对保密工作中出现的一系列新问题、新情况的研究，构建系统科学的保密理论体系、方法体系和工作体系等。军工文化注重加强宣传教育，增强职工保密意识，树立从我做起、责任落实的意识，树立从点滴做起，从小事做起，严慎细实，做到大事不含糊，细节不疏漏，持之以恒不松懈，抓好各项保密工作落实。军工保密理念是：保国家安全，保单位发展，保家庭幸福，保个人前途。军工保密价值观是：国家利益高于一切，保密责任重于泰山，保密工作是军工事业的生命线和保障线。军工保密工作方针是：积极防范，突出重点，依法管理，严守秘密，持续改进，确保安全。军工保密工作原则是：业务谁主管，保密谁负责。军工保密工作目标是：实现保密工作最小化、全程化、精准化、法制化的科学管理，保障国家安全利益，维护企业合法权益。军工保密行为准则是：遵章守信、尽职尽责、严慎细实。保密行为规范是：人人知保密，事事讲保密。保密文化抓落实，形成保密管理口诀好记入心，时时遵守。如宣传报道保密管理口诀：汇编资料应标密，登记清楚有依据；绝密不可汇成册，发生问题悔不及；对外报道密不泄，擅自宣传酿苦果；学术文章发表前，保密审批把密脱；根据对象和范围，涉密内容相应略。

3. 军工安全"以人为本"

科研生产安全问题是国防科技工业科研生产的最为显著的特殊性。军工安全文化是军工在长期安全生产和经营活动中，逐步形成和塑造的为全体员工接受、遵循的，具有军工特色的安全文化体系，包括：安全思想和意识、安全作风和态度、安全管理机制及行为规范；安全生产目标、安全生产原则、安全生产制度、安全生产规范与纪律；安全生产和生活环境和条件、防灾应急的安全设备和措施等企事业单位安全生产的物化条件和作业环境；军工人的安全意识、安全行为习惯等。军工安全文化以"零伤害、零隐患、零违章"为目标，以"严、慎、细、实"的工作要求为基础，以"系统控制，细节完美，循规蹈矩，人人参与"为行为准则，坚持以人为本的安全文化建设和"科技兴安"的安全生产标准化建设，始终将"安全就是效益"、安全是生命、安全是责任融入战略、融入管理、融入产品，以实现安全文化建设内化于心、固化于制、外化于行、物化于形，形成"人人有责，人人负责"的良好安全文化氛围。

在安全价值观上，倡导科学、先进的"以人为本"的理念和社会责任观，创新、优化现代化安全管理流程，让员工良好的行为规范成为一种自觉的安全习惯，让"安全第一"真正形成"人人齐抓共管"的文化氛围并落实到岗位安全说明书中，包括依据各岗位实际工作特点、性质、生产现场环境及设备设施等情况，明晰安全文化、各类人员安全职责、安全操作规程、危险源辨识、安全检查、"三违"行为、应急处置、安全基础知识等内容，增强安全管理的针对性和有效性。开展安全生产标准化先进和"安全标兵"等评选竞赛活动，以及定期、不定期的安全生产标准化知识讲座、专栏宣贯等系列活动，让员工真正懂得什么是违章、违纪，以及带来的危害及后果，切实把安全隐患扼制在萌芽状态中。

强化科技创新力度，提升安全生产本质化基础。以"科技兴安"为牵引，做好安全技术资源的整合、转化及优化。在抓好安全技改及改善设备设施的同时，大力推广和开发应用安全新技术、新工艺，以不断提升企业本质化安全管理水平。具体做法包括：从完善工艺、设计技术基础性安全上，建立健全安全与设计、工艺并行制度，让安全在产品设计、工艺编制之初便介入研发过程，将安全预控关口前移，以杜绝后续生产过程中安全隐患的发生；通过强化"新材料、新能源、新工艺、新技术"的应用，不断推进设计、工艺技术人员"四新"知识的交流与培训，规范工艺、设计等部门与车间、操作者"四新"知识应用的沟通制度，消除因工艺、设计不当，或交代、说明不清，而带来人身、产品上的安全风险及损失；注重安全生产新技术的推广应用，对长期制约安全生产的技术难题，组织人力、物力和财力，特别是集中优秀人才进行攻关，消除影响安全生产的瓶颈障碍，不断把安全生产工作推向新的水平。

发挥军工政治优势，从讲政治的高度，统筹、发挥党工团各级组织优势，整合组织资源，将"责任""政治""和谐""科学""创新"融入管理过程与制度中。以各级组织、部门的工作互动和相互促进，并通过共同抓活动的策划与氛围营造，将调动发挥全员的主观能动性与积极性作为完善管理的努力方向，促进员工安全意识的自觉性，以形成党政工团"齐抓共管"的安全管理大格局。建立健全政治安全第一责任人制度，在一线生产岗位开展"三大岗"建设，即党员安全示范岗，党员安全责任岗和党员安全监督岗。将"以人为本"作为安全文化建设的本质要求，强化以人的生命为本，实施安全文化建设，不断提升员工的基本素养，更好地发挥员工主观能动性与自主管理意识，不仅仅对自己、对家庭负责，也对同事、对企业、对社会负责；在不伤害自己的同时，保证不伤害他人、不被他人伤害，以形成全员"和谐"文化氛围。建立起和谐安全文化理念，让文化约束员工的安全行为，使每一名员工能自觉地实施自保与互保，减少管理者与被管理者之间的人为摩擦，实现安全管理由"法治"到"文治"，把制度变成人的行为规范，把行为规范变成人的一种习惯，把习惯变成自然，把自然变成文化。坚持"预防为主"的方针，将现代化"科学""创新"元素融入安全管理的预防、基础设施及人力资源优势的挖掘、利用上；在遵循客观规律的同时，注重依靠现代化科学技术优化安全生产环节，提高本质安全管理水平，改进落后的生产方式和工艺方式，提高员工队伍的业务技术水平及职业素养。

（二）军工行为文化的内涵要义

军工行为文化包含具有国防科技工业行为特色的组织体系、管理制度、道德规范、行为准则和习惯等，体现在重大工程实施和型号研制中，有着丰富的内涵，其内涵要义主要包括以下几个方面。

1. 深入细致的思想政治工作

思想政治工作是搞好国防科技工业创新发展的重要生命线。国防科技工业行为文化以党的思想政治工作为源头引领，坚持中国共产党对国防科技工业的绝对领导，使整个军工队伍围绕着正确的目标，朝着正确的政治方向前进。重视党的思想政治工作，历来是党对国防科技工业领导的光荣传统和政治优势，正是在"革命理想高于天"精神力量的激励和鼓舞下，党领导国防科技工业取得了令人瞩目的各项成就。党的思想政治工作是国防科技工业行为文化永葆先进性的重要保证，是以社会主义、共产主义思想体系教育军工人，提高认识世界和改造世界的能力，动员人们为实现当前和长远的革命目标而奋斗的实践活动。思想政治工作不仅要解决人们的政治立场、政治观点、政治行为等问题，还要解决人们的世界观、人生观、道德观问题。它以人为对象，解决人的思想、观点、政治立场问题，提高人们的思想觉悟。思想政治工作是党的工作的重要组成部分，是实现党的领导的重要途径和我国精神文明建设的重要内容，也是搞好一切工作的有力保证。思想政治工作必须服从和服务于党的中心工作，它具有鲜明的党性、实践性和群众性。

2. 系统科学的组织体系

国防科技工业的组织体系由企业、院所、学校等机构组合而成。国防科技工业是国家的战略性产业，它在党的领导下，服从国家战略需要，围绕国家国防建设需求，经历不断改革调整，按照系统工程思想与方法，在实践中不断解决出现的各种矛盾，形成了系统科学的组织理论和方法，建立了系统科学的组织体系，为创新发展奠定了坚实的组织基础。其中，系统组织行为主要体现在：领导干部、科技人员和工人三结合；工厂、研究机构和院校三结合；军队、研究单位和生产企业的三结合；跨集团、跨行业、跨相关主体的系统协同；学术民主，促进学术管理民主化、高效化、动态化，鼓励知识创新；在研制任务中，各系统、各单位各司其职，各尽其责，形成一个有机的整体，共同完成目标任务。国防科技工业形成了组织管理体系，服务于组织体系运行。组织管理体系包括组织结构、组织变革、流程再造和组织再造，是一个科学管理、高效运行的有机系统。军工形成的系统科学组织体系行为往往体现在型号文化中，表现在型号科研生产和重大工程实施中。

3. 行之有效的管理制度

文化是制度的灵魂，是制度构建和发展的精神基础和价值先导；制度是文化的载体，是文化发展成果的主要体现和对发展方向的约束规范。制度文化是文化的"硬件"。国防科技工业形成了鲜明的制度文化，有着严密的、行之有效的管理制度。管理制度是对组织管理活动的制度安排，包括经营目的和观念、目标与战略、管理组织以及各业务职能领域活动的规定，是员工在生产经营活动中，共同须遵守的规定和准则的总称。国防科技工业在长期的科研生产实践中，坚持党的领导，发扬中国传统优秀管理文化，吸纳国外先进管理理论，形成了军工特色的管理制度。在型号研制和工程实施中从方案可行性论证、方案设计、工程设计、工程研制到设计定型和生产装备的全过程，在技术、计划、组织、进度、质量等管理方面，对人、财、物、技术、信息与知识等基本要素管理等建立并实施了全面制度管理体系。以这些行之有效的管理制度为代表的国防科技工业管理体系有机组合、协同共存，成为国防科技工业行为文化的重要组成部分。

4. 正确价值取向的道德规范与行为准则

国防科技工业行为文化落实在军工人的道德规范、行为准则中。道德规范是对人们的道德行为和道德关系的普遍规律的反映。道德是社会规范的一种形式，是从一定社会或阶级利益出发，用以调整人与人之间的利益关系的行为准则，也是判断、评价人们行为善恶的标准。它是在人们社会生活的实践中逐步形成的，是社会发展的客观要求和人们的主观认识相统一的产物，任何先进阶级的道德规范总是要继承和发展先前有积极和进步作用的道德规范。行为准则的具体内容包括认真做好本职工作、严格遵守社会规则、充分兼顾他人利益和高度认同思想理念与价值观念等。国防科技工业行为文化注重落实在军工人的道德规范、行为准则，这些制约和影响军工人行为的文化行为，一方面不断地向人的意识内化，促使精神文化的生成，另一方面又不断地通过人的物质生产活动外化，促使物质文化的生成，即创造出符合既定军工文化目标的物质产品。正确价值取向的道德规范与行为准则：体现为军工人的目标统一、文化统一、行动统一；体现为军工人以功成不必在我心态和献了青春献子孙的胸怀，不辱使命、群策群力、百折不挠、锲而不舍、久久为功的行为选择；还体现为融合中国智慧和创造精神的思维方式实现于中国国防科技工业的跨越发展中。

5. 优良的工作作风与习惯

国防科技工业行为文化表现在工作作风与习惯上。作风是在思想、工作和生活等方面表现出来的态度或行为风格。工作作风是人们在工作中所体现出来的行为特点，是贯穿于工作过程中的一贯风格。工作习惯是一个人长期从事某种职业工作而养成的那种极富职业特点的言谈举止。良好职业习惯的养成是建设职业化队伍必不可少的重要内容。国防科技工业行为文化最终落实在军工人日常工作生活等非制度形态的作风、习惯等。良好的工作作风和养成的习惯直接影响着物质产品的形成。严慎细实、科学求实、工匠精神是广大军工人优良的工作作风与习惯，是强烈事业心和高度责任感的具体体现，是军工产品高质量、高可靠性的有力保证。军工人一以贯之以极致的态度不断雕琢自己的产品，不断改善自己的工艺，享受着产品升华的过程。军工人优良的工作作风与习惯还具体表现在：办事认真，一丝不苟，讲究效率，雷厉风行；谦虚谨慎，忠于职守；勤奋好学，精通业务；遵守纪律，严守机密；尊重领导，团结协作；任劳任怨，脚踏实地；勇于开拓，顾全大局等。

（三）军工行为文化的哲学境界

军工行为文化的哲学境界是军工行为的内在指导和遵循，反映在实际工作行为中的系统思维、创新思维、实践思维和辩证思维等方面。

1. 系统思维

系统思维是在国防科技工业科研生产，特别是型号研制和重大工程实施中形成的。客观事物是多方面要素相互联系、发展变化所组成的有机整体系统，系统的整体功能实现是诸要素功能通过协同作用而产生的。系统思维是人们运用系统观点，把对象事物的互相联系的各个方面要素及其结构和功能进行系统认识和践行的一种思维方法。整体性原则是系统思维方式的核心。这一原则要求人们无论干什么事都要立足整体，不能把任何单方面要素脱离整体去进行研究，要从整体与部分、整体与环境的相互作用过程来认识和把握事物整体。在思考和处理问题的时候，需要从对象事物的整体性出发，把着眼点放在全局上，注重整体效益和整体结果，在符合于整体全局的优化和利益实现基础上，充分利用灵活的方法优化实现各个部分要素。系统思维不仅要把握整体性，还要把握目的性、结构性、相关性、动态性、环境适应性等系统特征，这些都充分表现在军工实践行为中。

2. 创新思维

国防科技工业是国家科技创新的前沿高地，创新思维深刻在军工人的实践行为中。创新行为是以创新思维模式提出有别于常规或常人思路的见解为导向，利用知识和物质，在特定的环境中，按照理想需要或为满足特定需求，而改进或创造新的事物、方法、元素、路径、环境，并能获得有益效果的行为。创新思维是以新颖独创的方法解决问题的思维过程，通过这种思维能突破常规思维的界限，以超常规甚至反常规的方法和视角去思考问题，提出与前不同、与众不同的解决方案，从而产生新颖的、独到的、有实际意义的思维成果。创新思维的本质在于将创新意识的感性愿望提升到理性的探索上，实现创新活动由感性认识到理性思考的飞跃。创新思维具有能动性、变通性、独特性和敏感性。创新思维包括差异性创造思维、探索式创新思维、优化式创新思维、否定型创新思维等类型，创新思维充分表现在国防科技工业科研生产，特别是重大工程实施和武器装备研制行为中。

3. 实践思维

国防科技工业取得的辉煌成就是实干出来的，实践思维深刻在军工人的行为中。实践思维是马克思主义的基础和核心，以实践为起点，以科学的态度看待实践，以科学的方法指导实践，实践—理论—再实践。军工人从事的武器装备科研生产，是一个创新实践过程。军工人通过长期的科研生产和文化践行，将实践思维带来的成果提炼为军工实践思维方式、试验理论方法和制度思维方式方法等,并在长期的具体工作中,坚持问题导向,脚踏实地,真抓实干,讲求条件也创造条件,敢走新路,讲求过程,健全制度,科学管理,攻坚克难,稳步前进,成就着有效的科研、生产和管理等。国防科技工业取得的伟大成就成为展示中国风范、中国气派、中国制度、中国形象的国家名片。

4. 辩证思维

国防科技工业在历经艰难困苦、百折不挠中发展壮大,同时形成了辩证思维的传统。辩证思维是反映和符合客观事物辩证发展过程及其规律性的思维,对客观辩证法和认识过程辩证法的一定程度的认识和运用。辩证思维的特点是从对象的内在矛盾的运动变化中,从其各个方面的相互联系中进行考察,以便从整体上、本质上完整地认识对象。辩证思维运用逻辑范畴及其体系来把握具体真理。辩证思维既不同于将对象看成是静止的、孤立的形而上学思维,也不同于那种把思维形式看作是既成的、确定的形式逻辑思维。辩证思维以变化发展视角认识事物,是一种世界观和方法论。辩证思维模式要求观察问题和分析问题时,以动态发展的眼光来看问题。辩证思维是唯物辩证法在思维中的运用,联系发展的观点是辩证思维的基本观点,对立统一规律、质量互变规律和否定之否定规律是唯物辩证法的基本规律,也是辩证思维的基本规律。人民军工的发展史,充分展示了辩证思维的成就:辩证地看待环境、条件和问题,寻求一切有利因素,去解决问题,创造有利条件环境,完成祖国人民交给的神圣使命。

三、军工物质文化

国防科技工业物质文化是在国防科技工业长期发展中由军工人创造的产品和各种物质设施等所表现的文化物态,是以物质为形态的军工文化表层,是国防科技工业行为文化与精神文化的显现和外化结晶。它一方面受行为文化与精神文化的制约,具有从属性、被动性;一方面又是人们感受国防科技工业文化存在的外在形式,具有多样性、形象性和生动性。

(一) 军工物质文化的典型

军工物质文化主要表现为国防科技工业对于社会的贡献,有形表现在高新技术引领科技进步、国防建设守护国家安全、产业促进经济社会发展、先进形象塑造精神榜样等方面,主要通过典型物态表现出来。军工物质文化的典型包括军工产品、企业形象和军工先进人物等。

1. 军工产品

军工物质文化最为显著的代表是军工产品,包括核、航天、航空、兵器、船舶和电子等行业产品。军工产品已经成为中国国力的象征,成为保卫国家安全的重器,成为鼓舞中国人民奋发图强的实例和文化精神财富。

中国的航天产品是中国军工产品的重要代表,航天技术是国家综合实力的重要组成和标志之一,进入空间的能力是综合国力和科技实力的重要标志。运载火箭是目前人类克服地球引力、进入空间的唯一工具,是发展空间技术、确保空间安全的基石,是实现航天器快速部署、重构、扩充和维护的根本保障,是大规模开发和利用空间资源的载体,是国家空间军事力量和军事应用的重要保证,是国民经济发展和新军事变革的重要推动力量。确保安全、可靠、快速、经济、环保地进入空间,推进太空探索技术发展,促进人类文明进程,是中国长征系列运载火箭的发展目标。长征系列运载火箭是中国自行研制的航天运载工具,长征运载火箭起步于20世纪60年代,从1970年4月24日"长征一号"运载火箭首次发射"东方红一号"卫星成功开始,长征火箭已经拥有退役、现役共计4代17种型号,包括长征一号、长征二号、长征三号、长征四号、长征五号、长征六号、长征七号、长征八号、长征九号等,及其各型号自己的系列产品。截至2018年11月20日,我国长征系列运载火箭已飞行292次,发射成功率达到95.21%。2019年5月,长征十一号火箭实现了海上发射,中国成为世界上第三个能够海上发射火箭的国家。中国长征系列运载火箭已经成为世界品牌。东风系列导弹包括我国一系列近程、中远程和洲际弹道导弹,从东风-1、东风-2到东风-3导弹,从东风-4、东风-5、东风-11、东风-15到东风-16,

从东风-21、东风-31、东风-27到东风-41，打击覆盖面和性能不断提升发展。我国有了东风系列导弹就真正具备了战略威慑和洲际打击能力。我国的"神舟"飞船、"嫦娥"探月器成为中国探索宇宙的可靠重器。北斗三号全球卫星导航系统星座部署，成为我国第一个面向全球提供公共服务的重大空间基础设施。

中国歼击机系列是用于在空中消灭敌机和其他飞航式空袭兵器的军用飞机，是取得制空权的重器，从歼-5、歼-6、歼-7、歼-8，歼-10、歼-11到歼-15中国第一代舰载战斗机、到具备远距离超视距攻击能力和强大的对地、对海打击能力的歼-16，到中国第四代双发重型隐形战机歼-20和第四代双发中型隐形战斗机歼-31，中国歼击机的研制逐步进入了世界先进水平。与此同时，我国的轰炸机、大型军用运输机、直升机、无人机、教练机等也向着世界先进水平迈进。同样的，以世界先进水平的主战坦克、驱逐舰、雷达等为代表的中国军工的兵器工业产品、舰船工业产品和电子工业产品等，与核工业产品、航天工业产品、航空工业产品一起实现着国防科技工业的神圣使命。与此同时，国防科技工业的"军转民"产品，融入着军工文化的基因，成为满足社会发展和人民生活需要的高质量产品，赢得了军工制造的美誉。

2. 军工企业形象

中国的国防科技工业体系主要由军工企业、科研院所和院校等组织构成，随着军工科研院所企业化改革，军工企业成为国防科技工业的主要组织，其形象越来越受到人们的关注，也成为军工文化的重要形象代表。军工企业形象是外界对军工企业的整体感觉、印象和认知，是军工企业状况的综合反映。中国军工企业形象的形成是在对军工管理和军工产品等广泛印象的基础上，加入人们的判断，进而形成的具有内在性、倾向性和相对稳定性的公众态度，并在多数人的肯定态度基础上形成社会公众和企业员工对企业整体的印象和评价社会公众舆论，并不断传播进而影响人的行为。认识军工企业形象可以从理念形象、行为形象和视觉形象三个组成因素层面的构成因素、表现要素、内在气质和外在表现等整体透视军工企业形象的丰富组成。

军工企业理念形象是由企业哲学、企业宗旨、企业精神、企业发展目标、经营战略、企业道德、企业作风等构成的企业形象表征，反映着企业形象的内在气质，是企业形象的最深层次、最核心的部分，它决定着行为形象和视觉形象。视觉形象是最外在、最容易表现的部分，它和行为形象都是理念形象的载体和外化。行为形象介于上述两者之间，它是理念形象的延伸和载体，又是视觉形象的条件和基础。军工企业注重理念形象建设，把人民军工精神融入其中，形成了鲜明的企业理念形象。军工企业行为形象是由企业组织及组织成员在对内和对外的生产经营管理及非生产经营性活动中表现出来的员工素质、企业制度、行为规范等因素构成的企业形象表征。对内行为包括员工招聘、培训、管理、考核、奖惩，各项管理制度、责任制度的制定和执行，企业风俗习惯等；对外行为包括采购、销售、广告、金融、公益等公共关系活动。企业视觉形象是由企业的基本标识及应用标识、产品外观包装、厂容厂貌、机器设备等构成的企业形象表达。其中，基本标识指企业名称、标志、商标、标准字、标准色；应用标识指象征图案、旗帜、服装、口号、招牌等；厂容厂貌指企业自然环境、橱窗、办公室、车间及其设计和布置等。军工企业形象的具体表现要素通过实态和虚态而显现：一是军工产品形象，这是指军工产品的质量、性能、经济指标以及设计、外形、名称、商标和包装等给社会的整体印象，它是企业形象的重要实态；二是员工形象，这是指员工整体表现出的服务态度、职业道德、进取精神以及装束、仪表等精神面貌给社会的整体印象；三是环境形象，这是指企业内部成员，特别是企业领导希望外界对本企业外观所持的印象，如厂容厂貌和各种标志等环境，在主观上，也是企业主动设计的自我期望形象；四是公共关系形象，这是指企业在社会公共关系活动中的努力，留给用户、供应商、合作伙伴、内部员工等企业关系者对企业整体的主观印象，如履行社会责任等表现，是在外界中留下的对企业现状的实际形象显现。军工企业形象通过内部共同践行和外部感受，而得到社会认同，成为军工人和公众的自豪与骄傲。

军工企业形象越来越成为军工文化发展的显示度。如航空工业集团公司成立以来，构建起了集团文化体系，即以集团宗旨理念为核心的理念体系，以"六统一"（统一的集团公司战略、集团宗旨理念、公司名称和司徽、司旗、司歌、标准字和标准色）为核心的形象识别体系，以员工素养为核心的行为规范体系。这一体系规范了集团文化建设的框架和核心内容。集团宗旨：航空报国，强军富民。集团理念：敬业诚信，创新超越。集团文化建设过程中，航空工业以"上好一堂文化课""敬业"主题文化教育实践活动、穿工装唱司歌等为载体，广泛深入地开展集团文化的学习、宣传和培训，在全行业推进集团文化示范单位认证工作，大力弘扬吴大观精神和罗阳精神，打造了一批航空工业不同类别人员、不同职级的群英谱，形成了航空工业独具特色的"星文化"。通过不断加强集团文化创新与实践，内强员工素质，外塑集团形象，增强集团凝聚力，提高集团竞争力，为把航空工业建设成具有国际影响力的大企业集团提供强有力的价值引领与文化支撑，实现了集团文化与集团战略的和谐统一、集团发展与员工发展的和谐统一、集团文化优势与竞争优势的和谐统一。

3. 军工文化产业

文化产业是一个国家兴旺发达，走向世界舞台的必然要求。中国军工文化产业是国家文化产业的重要组成，中国军工文化将军工精神文化、行为文化和物质文化不断辐射融入国家文化产业发展中，并从中形成军工文化产业发展新格局。

一是将军工文化中的核心价值取向融入社会文化产业链，推动中华文化走向世界，形成与国家地位相对称的文化软实力。军工文化作为中华文化中的组成部分，是最优秀、最精华的部分，做好军工文化元素的输出，不断将军工人的价值观、军工产品的生产服务的精华，输入社会文化产业链之中。过去有《吴运铎》，改革开放以来，后有《钱学森》《吴大观》《军工记忆》《大山里的建设者》等歌颂模范先进人物、英雄群体和军工建设者的文化作品，新时代有新需要，新作品不断出现。文化产业属于高附加值、高回报产业，一个故事、一个人物形象可以转化为出版物、影视作品、动漫游戏、舞台演出等系列衍生品，只要消费者认可，就能在社会与经济收益上产生叠加效应，实现一次投入、多次转化、深入人心、持续回报。进入新时代，继续大力把军工人的价值观推向文学、音乐、舞蹈、美术、书法、影视等艺术创作各个领域，使军工人的作品更多地进入各种媒体，形成一批以军工文化内容为主流的文化产品，可以丰富繁荣我国的文化产业，助推军工文化传承发展。

二是将军工文化与红色旅游、工业旅游相融合。红色旅游和工业旅游是伴随着人们对旅游资源理解的拓展而产生的一种旅游新概念和旅游产品新形式。近些年来发展的国防科技工业旅游主要是依托国防科技工业的企事业单位及所实施的重大工程等开展参观、游览、体验等活动，越来越多的军工单位开始注重红色工业旅游，有的军工单位还设立了开放日，利用自己的品牌效益吸引游客，同时宣传军工精神，也使自己的产品家喻户晓，许多项目获得了各级政府的高度重视。军工文化与红色旅游、工业旅游相融合有得天独厚的优势。例如，航天产品研制、发射中心等撩开了神秘的面纱后，每年吸引大量游客，其展示产品的过程，既对游客广泛开展了爱国主义、集体主义、社会主义思想教育，增强了民族自尊心、自信心、自豪感，又激励游客把爱国热情化作实现中华民族伟大复兴的具体行动；人们在熟悉了解运载火箭和卫星等基本知识的同时，会对军工文化有所认知，也会对从事航天科技工业的科技人员肃然起敬。

三是将军工先进科技元素与社会文化产业深度融合。文化产业以创意为动力、以内容为核心，其发展主要依靠精神成果、智力和科技投入，资源消耗少，环境污染低，是典型的绿色产业，具有很好的可持续发展特性。文化原创力是文化产业的生命线，将国防科技工业的先进科技元素与社会文化产业深度融合，可以充分利用军工技术的科研成果、手段、方法、思路，将其融入社会文化产业发展之中，突出高技术、高智能特征，提高文化产品生产和文化服务手段的科技含量。在数字化装备、网络化系统、多媒体技术等领域，军工人与有关部门协同攻关，发挥军工人才技术优势，健全以企业为主体、市场为导向、产学研相结合的文化技术创新体系，培育了一批特色鲜明、创新能力强的文化科技企业，产生了产学研战略联盟和公共服务平台建设，为做大做强文化产业提供了科技创新后盾。

四是军工文化人自觉承担发展军工文化产业的重任，逐步实现通过发展军工文化产业来推进发展军工文化。多年来，在国防科技工业系统已形成了一批军工文化工作队伍，其中不乏高水平的文化人才，从事着军工领域的报纸、期刊、出版、广告、会展、影视、艺术团等军工文化普及工作，这些工作正在积极创造条件，按照国家文化产业的定位，不断把军工文化产业做大做强，发挥军工文化的更大社会价值。

4. 军工文化教育

党和国家高度重视军工文化教育，在国家层面设立了建军节和"中国航天日"等。2016年4月24日，习近平同志在首个"中国航天日"做出重要指示：探索浩瀚宇宙，发展航天事业，建设航天强国，是我们不懈追求的航天梦。经过几代航天人的接续奋斗，我国航天事业创造了以"两弹一星"、载人航天、月球探测为代表的辉煌成就，走出了一条自力更生、自主创新的发展道路，积淀了深厚博大的航天精神。设立"中国航天日"，就是要铭记历史、传承精神，激发全民尤其是青少年崇尚科学、探索未知、敢于创新的热情，为实现中华民族伟大复兴的中国梦凝聚强大力量。开展军工文化教育是中国国防科技工业的光荣传统，在军工企业、科研院所和院校都把开展军工文化教育作为思想教育、职业教育必不可少的内容，在国家、集团公司、地方政府及社会力量的共同努力下，建成了许多教育基地，其中有的已经成为著名的教育基地，形成了中国特色的军工文化教育良好生态。通过课堂讲授，信息技术运用，组织去红色景点、自然景观、历史遗迹、博物馆等参观学习，可以帮助军工人和广大群众了解和继承中华优秀传统文化、革命文化和建设文化，感受中华传统美德，感受革命光荣历史，感受改革开放的伟大成就，激发对党、对国家、对人民的热爱之情，增强对"四个自信"的理解与认同，加强培育和践行社会主义核心价值观。

开展军工文化教育是军工单位的自觉担当。中国工程物理研究院享有"国宝"的盛誉，中国工程物理研究院科学技术馆，坐落在绵阳市涪江之畔，是进行爱国主义教育、国防教育和科普教育的场所。中国工程物理研究院科学技术馆是我国第一个核科技、核武器专题科学技术馆，该馆以我国核武器的发展史为主线，囊括当今世界高科技领域，用图片、模型、实物、声像等，生动形象地介绍核能的开发利用、核武器原理、激光武器、高功率微波武器等基本概念和发展前景，展示了中国工程物理研究院创业者艰苦奋斗、无私奉献、为国争光的精神风貌，展示了我国科技工作者为创造"两弹"强我中华的光辉史篇，宣扬着"热爱祖国、无私奉献，自力更生、艰苦奋斗，大力协同、勇于登攀"的"两弹"精神。中国工程物理研究院科学技术馆被评定为国家红色旅游经典景区、爱国主义教育基地、全国科普教育基地、青少年科技教育基地。

青海省西海镇又名原子城，因为中国第一个核武器研制基地就在西海镇的金银滩草原上。20世纪60年代，一批科技人员隐姓埋名来到这里，当时这里对外称国营221厂、青海矿区等，经过艰苦奋斗先后研制成功了中国的第一颗原子弹和第一颗氢弹，并生产出多种型号的战略核武器。1987年，这座封闭了三十多年的军事禁区完成了时代赋予的历史使命，中央做出了撤销基地的决定。1993年，基地退役后移交地方政府，青海省将这里命名为西海镇。2001年，青海原子城被国务院列为全国重点文物保护单位。2005年11月，原子城被确定为全国爱国主义教育示范基地。2006年，国家发改委正式批复了原子城国家级爱国主义教育示范基地项目建设，基地由纪念馆、纪念园、爆轰实验场、地下指挥中心、纪念碑等组成。当时的221基地有7个分厂：一分厂负责弹头体加工、铀部件生产、精密加工以及无线电系统的控制等；二分厂主要负责炸药的加工、同步聚焦实验及火工部件的加工和核武器的组装工作；三分厂为机械加工厂，负责翻砂、锻造、热处理以及制氧等；四分厂为火力发电厂，负责给基地供热水、供暖、供电，现在仍在利用；五分厂是水厂；六分厂是爆轰试验场；七分厂是放射化学和中子物理实验场所。现在，彰显不畏强暴、艰苦创业、勇攀登高峰的"两弹"精神和基地精神的示范基地已建成开放，每年有大量参观者来这里亲身感受。

在北京等地建有航天博物馆。中华航天博物馆坐落在中国运载火箭技术研究院内，是目前中国航天技术最大的展示窗口，1992年落成开馆。展馆是一座雄伟的现代风格建筑，由序厅、主体大厅、高科技应用成果厅、分类系统专业技术厅几部分组成。中华航天博物馆是展示中国航天科技与成就的专业博物馆，是中国航天的对外宣传与展示窗口，曾先后被评定为中央国家机关思想教育基地、全国科普教育基地、北京市青年科普教育基地、航天精神教育基地等，并多次被评为北京市先进科普工作集体。中华航天博物馆主要分为运载火箭、载人航天、人造卫星、月球探测、火箭发射演示、航天器、中国航天形象、航天集团综合简介、古代航天探测、国际合作与交流、未来航天展望等十多个展示区域。这些展区以中国航天的发展历程为主线，通过翔实珍贵的历史资料和丰富的实物与模型，以现代的展示手段生动地展示了中国航天事业的过去、现在和未来。中华航天博物馆以高科技手段展示人类航天历程，是开展爱国主义教育和科普教育的好场所，为广大航天爱好者搭建了一个关注航天、了解航天、热爱航天的平台，能够激发广大参观者、特别是青少年学生的爱国主义热情，从而树立努力学习航天科学知识长大立志成才报国的决心。

在山西、上海等地建有兵工博物馆和教育基地。山西是我国人民兵工大省，以黄崖洞兵工厂为代表的军工厂群为抗日战争和解放战争胜利做出了历史性贡献。中国兵器工业集团公司淮海工业集团有限公司和当地政府企业等联合建设了黄崖洞兵工厂旧址群，这是宣传黄崖洞兵工厂规模最大、影响最大的重要场所。黄崖洞兵工厂旧址群作为开展军工文化教育的重要基地，已经成为社会和军工单位组织新入职员工接受军工文化教育的基地，成为组织开展党团员理想信念教育的基地。在如此艰苦的环境下，在党的坚强领导下，这里会集了一批高级知识分子和能工巧匠，他们生产的步枪、掷弹筒等年产量可装备十多个团，成为八路军消灭日寇的主要军火生产基地，被誉为八路军的"掌上明珠"，并因为解放战争继续做出的重要贡献被冠以"刘伯承兵工厂"的英名。在上海的航天博物馆、兵器博览馆等国防教育基地,集展示、体验、教育、科普为一体,成为对青少年进行爱国主义教育、国防教育、科普教育的"大课堂",对于树立正确的武器观、历史观和对未来信息化战争的认识,唤起广大青少年的忧患意识和国防意识,弘扬爱国主义精神产生了积极作用。

在军工高校,通过各种方式对学生进行军工文化教育。在北京理工大学建有徐特立图书馆等,开展"延安情、军工魂"教育。在北京航空航天大学建有航空航天博物馆,博物馆内各式各样的实体飞机停放在展位上,部分战机具有很重要的历史意义和极高文物价值。博物馆集教学、科普、文化传承为一体,是航空航天国家级实验教学示范中心的重要组成部分,是航空航天科普与文化、航空精神以及青少年爱国主义、国防教育的重要基地。南京理工大学兵器博物馆始建于20世纪末,1992年,曾任国防部长、国务院副总理的张爱萍将军亲笔题写馆名,兵器博物馆以"典藏、传承、励学、致用"为馆训,集收藏、传承、教学、科研、陈列、展示、宣传、教育等多种功能于一体,旨在以珍贵展品、丰富内涵和独特视角帮助参观者了解兵器发展史,普及军事知识,增强国防意识,促进我国兵器研究和国防人才培养。2009年,兵器博物馆被授予国防科技工业军工文化教育基地和国家级科普教育基地。哈尔滨工业大学、哈尔滨工程大学、西北工业大学、南京航空航天大学等院校都拥有各有特色的军工文化教育方式,对学生进行爱国主义教育、军工文化熏陶和科技知识普及等。

(二) 军工物质文化的内涵要义

伴随着国防科技工业的发展,军工物质文化与时俱进、不断丰富,形成了多种多样具体形式,归纳起来其内涵要义集中在军工产品、军工器物标识和军工人形象三方面。

1. 追求卓越的军工产品

人们了解认识中国国防科技工业创新发展是从军工物质文化开始的,追求卓越的军工产品是军工文化最为直观的显示和体验。例如,从庆祝中华人民共和国成立60周年大会阅兵式、纪念中国人民抗日战争暨世界反法西斯战争胜利70周年阅兵式和庆祝中华人民共和国成立70周年大会阅兵式上看到的中国国防科技工业研制生产的各类武器装备,从电视上看到中国航天运载火箭升空、"神舟"飞船与"天宫一号"交会对接、"嫦娥四号"月球背面探测,歼-20、运-20翱翔蓝天,辽宁舰和山东舰航母驰骋大海,东风-41、长剑-100等导弹展示世人,就会对追求卓越的军工产品的研制生产者产生一种感性认识,并为这辉煌的成就而欢欣鼓舞。追求卓越的军工产品深深反映在对"军工产品质量第一"的不懈追求上。

2. 显示先进文化的军工器物标识

军工物质文化不仅包括产品,还包括从事国防科技工业创新实践活动的环境、条件、生产工具等各种器物和标识,它们是国防科技工业具有鲜明特色的承载。在军工产品研制过程中,军工人形成的专利、标准、管理方法、工艺等非实物的成果,"航天云网""金航网"等,成为中国"两化"融合和工业互联网的典型代表;"双五归零"质量管理办法成为世界公认的质量管理思想;车间环境布置、工服、产品,以国旗为代表的国家意志成为军工人的精神符号。探月工程、载人航天与国防科技工业各军工集团标识不仅仅是品牌商标,而是中国创新驱动发展的标志符号和国家实力的象征。电影《横空出世》《飞天》《歼十出击》,电视系列片《军工记忆》《航空档案》,电视剧《激情的岁月》,话剧《追梦》《吴大观》,音乐剧《罗阳》和涉及国防科技工业的各类图书、音乐、绘画以及邮品、徽章、模型等各种形式的军工题材文化产品,航空博物馆、航天博物馆、坦克博物馆、退役军舰博物馆、"三线"建设纪念馆、兵工厂旧址和航天发射基地等都是国防科技工业创新物质文化的重要组成部分。

3. 国之栋梁的军工人形象

军工物质文化是军工人赖以从事国防科技工业实践活动的物质基础和实践活动的丰富成果,是军工人劳动和智慧的结晶,其中,这些军工人的杰出代表树立了国之栋梁的军工人形象,如以"把一切献给党"的吴运铎为代表的军工先辈,以"两弹一星"功勋钱学森、邓稼先、孙家栋等为代表的群体，以吴大观等为代表的优秀知识分子，以"30年隐姓埋名"黄旭华为代表的核潜艇功勋，以王小谟为代表的预警机团队，以罗阳等为代表的现代国防科技领军人才，以黄群为代表的760群体，以"火药雕刻师"徐立平为代表的大国工匠，还有一批优秀的国家管理栋梁。每一代军工人都在一定的物质条件下从事军工实践活动，他们总是在自觉或不自觉地继承着前人创造的物质文化，同时每一代人又都在代表着文化的形象并不断地改变着原有的物质文化，创造着新的物质文化，从而使我国的国防科技工业不断创新发展、进步壮大。

（三）军工文化的传播承载

中国军工文化是优秀文化的融合体现，在形成中吸纳了各方面优秀文化的要素，最终构成军工文化体系，同时在军工文化传承发展中，主动发挥着优秀文化的传播承载功能，传播红色文化、优秀传统文化，普及科技知识，为社会发挥着教育作用，丰富着社会主义中国文化。

1. 红色文化的传播

军工文化承载着中国红色文化传播的作用，国家重大工程和重点型号产品的命名许多都有着红色文化的记忆，这对年轻人学习历史有着重要意义。

我国运载火箭名称为长征，其意义深远。在火箭设计之初，有感于毛泽东同志著名的《七律·长征》中表现出来的红军为实现革命目标，藐视一切困难、不惧任何艰难险阻的顽强斗志和勇往直前、不怕牺牲的大无畏精神，研制者提出建议并经上级领导批准，将火箭命名为"长征"，其寓意着我国火箭事业一定会像红军长征一样，克服任何艰难险阻，到达胜利彼岸。"长征一号"的研制就是一次长征。我国的航天事业起步时基础条件很差，只有从国情出发，走自力更生、独立研制的道路。创业难，但难不倒中国航天人。房屋一时盖不起来，大家就住帐篷、睡通铺；没有地方办公，就在飞机库中搭起工作台，用手摇计算机进行计算分析和设计。"长征一号"研制工作每攀登一个技术台阶，都需要攻克大量的难关。为了发展我国航天事业，从全国各名牌大学选调了几千名大学生，他们来到戈壁滩，加入航天试验队伍。研制实验人员参加重大试验任务时,每次都面临生死考验,大家都会写下遗书。从1958年开始到1970年发射成功,足足走了开拓前行的12年。经过长期艰苦的努力和探索,"长征一号"运载火箭终于将我国第一颗人造地球卫星送入轨道,使我国成为继苏联、美国、法国、日本之后,第五个拥有人造卫星发射技术的国家。从此,"长征"成为我国系列运载火箭的标志性名称,一代代航天人也踏上了献身祖国航天事业的新长征。从"长征一号"到长征系列,面对发达国家在高技术领域的长期封锁,开始长征般的艰难跋涉,从无到有,从串联到捆绑,从常温推进剂到低温推进剂,从一箭一星到一箭多星,从发射卫星到发射载人飞船和月球探测器,中国航天人用汗水和心血,书写了一部我国实现技术自主创新的辉煌历史。我国自主研发的运载火箭一次次将中国航天推向新高度,每一次都是新的长征。作为民族奋进的精神火炬,长征精神激励着人们踏上中华民族伟大复兴的新征程,长征精神是中国航天人薪火相传的精神,不同的长征,同样的精神,长征精神气贯长虹,长征火箭继续翱翔苍穹。

东风系列导弹是中国一系列中程和洲际弹道导弹的总称。东风是援引自"东风压倒西风"。其最早出自曹雪芹《红楼梦》第八十二回:"但凡家庭之事,不是东风压了西风,就是西风压了东风。"1957年11月,毛泽东同志在第二次访问苏联期间,针对当时国际形势提出了"东风压倒西风"这个说法。"我们的天上是一片光明,西方的天上是一片乌云。我们很乐观,而他们呢,却是惶惶不安。"1959年,战略导弹部队开始组建,将1960年研制成功的第一枚国产导弹命名为"东风"(DF-1),自此我国生产和装备部队的战略导弹正式命名为"东风"系列,它们随同战略导弹部队一起成为应对国际风起云涌时代、护卫神州大地的国之利剑。几十年来,东风系列导弹性能不断提升,成为享誉世界的战略武器装备,护卫着中国和平发展。

红色是中国共产党的本色,红旗象征着革命、奋斗、希望、光荣和梦想,中华民族喜好用红色象征和代表胜利和成功。红旗系列防空导弹构成了中国地空防空导弹的主体。1964年12月10日,国务院特种武器定型委员会批准研制成功的地空防空战斗弹初步定型，命名为"红旗"1号导弹，自从1965年"红旗1"型防空导弹仿制成功开始，又研制出2号、3号，还有后来的6号、7号等系列，再到现在的新型等，红旗系列防空导弹涵盖了中远程、中高空到近程超低空的火力范围，已经形成一个庞大的家族，担负着中国防空的重任。同时红旗导弹传递着不惧强敌、独立自主、自力更生的精神和不断取得胜利和成功的骄傲。

2. 优秀传统文化的传播

军工文化具有传播中国优秀传统文化的作用。从载人航天飞船、探月工程到空间站，它们的命名都与中华文化相关联。伴随中国航天事业发展，仰望天空，中国的神话传说正在展现。

我国载人航天工程始于20世纪90年代初期，当年给飞船命名，有关部门曾提出过好几个方案，在反复征求意见基础上，最后选定了"神舟"二字。"船"在汉语里又称"舟"，用"神舟"来命名遨游神秘太空的宇宙飞船，既形象又贴切；"神舟"谐音"神州大地"的"神州"，一语双关，寓意中国的腾飞。"神舟"寓意神奇的天河之舟，象征着飞船研制得到了全中国人民的支持，是祖国四面八方、各行各业大协作的产物；同时，"神舟"又有神气、神采飞扬之意，预示飞船成功研制和圆满飞行。1993年，江泽民同志得知载人航天工程前期准备工作连获喜讯时，他十分欣慰地为第一艘试验飞船题名"神舟"，从此"神舟"伴随载人航天事业不断前行。2013年，中国载人航天工程办公室对外正式发布中国载人航天工程标识及中国载人空间站、货运飞船等名称。中国载人空间站整体名称及各舱段和货运飞船共5个名称：载人空间站命名为"天宫"；核心舱命名为"天和"；实验舱Ⅰ命名为"问天"；实验舱Ⅱ命名为"巡天"；货运飞船命名为"天舟"。

中国人的探月工程，是在为人类和平使用月球迈出的新一步。开展月球探测工作是我国迈出航天深空探测第一步的重大举措，实现月球探测是我国航天深空探测零的突破。月球已成为未来航天大国争夺战略资源的焦点。月球具有可供人类开发和利用的各种独特资源，月球上特有的矿产和能源，是对地球资源的重要补充和储备，将对人类社会的可持续发展产生深远影响。中国探月是我国自主对月球的探索和观察。2004年，中国正式开展月球探测工程，并命名为"嫦娥工程"，从此嫦娥这个古老故事与中国航天事业紧密联系在一起。

长期以来，中国军工文化都承担着传播优秀传统文化的任务。除航天产品外，中国的军用飞机不仅有军方正式代号，还有着独特装备名，如"飞豹""枭龙""鹘鹰""山鹰""鲲鹏"等。

3. 专业知识的传播

军工物质文化还具有传播专业知识的功能，如海军舰艇和歼击机的命名等，这些有助于广大群众特别是青少年了解军队和武器装备知识，同时增强爱国意识。

舰艇是浮动的国土，为便于领导指挥、通信联络和保守机密，每艘舰艇从诞生起就有它的编号和大名。中国海军舰艇命名有着严格的标准和规范的条例条令依据。新造或新接舰艇入列或更名时，由批准授名的领导机关正式授予舰名舷号，颁发《舰艇命名证书》，舰艇按照《海军舰艇命名条例》的规定举行命名典礼；舰艇命名享受"终身制"，中途一般不予更名。舰艇退役时，其舰名舷号由授予机关注销，不再授予后续舰艇。首先，每一艘军舰都是有正式名称的，这个名称在海军里就是它们的编号，很醒目地漆在船舷上（因此又叫舷号），是数字的。按照中国海军的有关规定：1字头为驱逐舰；2字头、3字头为常规潜艇；4字头为核潜艇；5字头为护卫舰；6字头为反潜护卫艇（猎潜艇）；7字头为导弹护卫艇；8字头为补给舰、扫布雷舰；9字头为登陆舰。其次，每一艘舰艇又有一个舰艇名，是中文的。舰艇名的具体命名规定是：巡洋舰（或巡洋舰以上）以行政省（区）或直辖市命名，如辽宁号航空母舰；驱逐舰以大中城市命名，如武汉号驱逐舰；护卫舰以中小城市命名，如衡阳号护卫舰；补给舰以湖泊命名，如微山湖号补给舰；核潜艇以"长征"加序号命名，如长征4号攻击核潜艇；常规导弹潜艇以"远征"加序号命名；常规鱼雷潜艇以"长城"加序号命名；扫布雷舰以州命名；猎潜艇以县命名；船坞登陆舰、坦克登陆舰均以山命名，如昆仑山号登陆舰；步兵登陆舰以河命名；训练舰以人名命名，如郑和号远洋训练舰；辅助船艇以所在海区和性质的名称（如南运、东拖、东油、北标、海捞）再加序号命名。例如，2008年12月赴亚丁湾、索马里海域执行远洋护航任务的"三舰客"的正式编号分别是169、171和887，名称分别为武汉号、海口号、微山湖号。

为区别不同机种、型别的军用飞机，各国都按照各自规定的方法，对其研制和使用的军用飞机予以命名。命名方法一般是使用代号或确定名称，有的既有代号，又有名称。中国军用飞机的命名使用代号，代号由机种和设计代号（亦称序号）组成，设计代号表示飞机的型号，如"歼击－7型""轰炸－6型""强击－5型"等，有时简化为"歼－7""轰－6""强－5"等。中国军队的歼击机主要用来歼灭空中敌机和其他空袭兵器的飞机，其特点是速度大、上升快、升限高、机动性好。中国歼击机的命名方式为"歼"加序号。1956年9月8日，沈阳飞机厂试制成功中国第一种喷气式歼击机歼－5，随后获批准批量生产，中国成为当时世界上少数几个能够成批生产喷气歼击机的国家之一。1964年1月，沈阳飞机厂试制成功超音速歼击机，命名为歼－6。该歼击机于1959年9月23日首飞成功，标志着新中国航空工业进入了超音速时代。此后经过负责此项目的沈阳飞机厂和成都飞机厂艰苦努力，研制出了歼－7战斗机，通过歼－7战斗机的研制，中国走完了引进—消化—吸收—自主开发战斗机的全过程，为中国航空工业的发展积累了一笔宝贵的财富。歼－7战斗机成为中国20世纪80年代中至90年代中的主力战斗机。为了不在未来的战场上受制于人，我国于1988年开始了歼－10的完全自主研发。该机是中国空军历史上最具神秘色彩的一种战斗机。歼－10B是根据当代空战需求，换用相控阵雷达、一体化蚌式进气道、自主研发的太行发动机的歼击机。歼－11战斗机是中国购买的俄罗斯专利及授权的27SK的国产组装飞机，属于三代半战机。歼－11B重型战机则是中国在引进俄罗斯27SK后为提高效能而自行研制的第四代国产空中优势战斗机，在其设计基础上，换装了国产综合火控系统、电传操纵系统、涡扇10发动机等核心部件。歼－15是沈阳飞机工业集团参考俄-33自主研发的中国首款舰载重型多用途战斗机。歼-16是以歼-11BS为基础，参考俄-30战机武器性能研制出的重型多用途双座歼击机。歼-20是成都飞机工业集团研发的中国第五代隐身重型歼击机，采用两台国产涡扇10B发动机、DSI两侧进气道、全动垂尾，鸭式布局，该机于2010年10月14日完成组装，2011年11月4日实现首飞，这标志着我国隐形战斗机的研制工作掀开了新的一页。歼-31是由沈阳飞机工业集团研发的第五代隐身中型双发战斗机，采用双发、单座、固定双斜垂尾、蚌式进气道。通过歼击机的命名跟踪，可以更深入学习了解我国歼击机的发展历史和现状，并对歼击机技术知识有所掌握。

中国的军工文化有着丰富的内涵，是国家的宝贵精神和物质财富。在新时代，需要我们深入学习、研究和把握军工文化的内涵要义，与时俱进，在习近平新时代中国特色社会主义思想指引下，坚定中国特色社会主义"四个自信"，传承和发展好军工文化，为建设新时代中国特色先进国防科技工业体系，为实现强国梦和强军梦而奋斗。

第三篇 军工文化的时代要求

中国进入建设中国特色社会主义新时代,实现中华民族伟大复兴正处于关键时期,军工文化传承发展成为时代课题,承载着新时代的要求。在复杂的国际环境中,军工文化需要在习近平新时代中国特色社会主义思想指引下,符合新的时代要求,与建设新时代中国特色先进国防科技工业体系,实现强国梦、强军梦同进传承发展。

一、中国进入中国特色社会主义新时代

习近平同志在十九大报告中指出:"经过长期努力,中国特色社会主义进入了新时代,这是我国发展新的历史方位。"这是我国改革开放以来社会进步的必然结果,是我国社会主要矛盾转化的必然结果,也是中国共产党团结带领全国各族人民开创光明未来的必然要求。军工文化的传承发展首要的是深刻理解中国特色社会主义新时代。

(一) 新时代的重大课题

从理论和实践结合上系统回答新时代坚持和发展什么样的中国特色社会主义、怎样坚持和发展中国特色社会主义,成为新的时代课题。围绕这个重大时代课题,中国共产党进行着艰辛而深刻的理论探索,取得了重大理论创新成果,形成了新时代中国特色社会主义思想。新时代中国特色社会主义思想在马克思主义发展史、中华民族复兴史、人类文明

进步史上都具有重大而深远的意义。

1. 开辟了马克思主义中国化的新境界

习近平同志在十九大报告中指出:"新时代中国特色社会主义思想,是对马克思列宁主义、毛泽东思想、邓小平理论、'三个代表'重要思想、科学发展观的继承和发展,是马克思主义中国化最新成果,是党和人民实践经验和集体智慧的结晶,是中国特色社会主义理论体系的重要组成部分。"新时代中国特色社会主义思想以全新的视野深化了对共产党执政规律、社会主义建设规律、人类社会发展规律的认识。以习近平同志为核心的党中央以问题为导向,以中国正在做的事情为中心,以马克思主义为指导,着眼于对实际问题的理论思考,着眼于新的发展实际,提出了一系列治国理政的新理念、新思想和新战略。"中国特色社会主义进入新时代"的论断,深化了对社会主义发展规律的认识;"新时代坚持和发展什么样的中国特色社会主义、怎样坚持和发展中国特色社会主义"这一时代课题,深化了对中国特色社会主义理论主题的认识;"两步走"战略,深化了对社会主义发展阶段的认识;中华民族伟大复兴梦,深化了对中国特色社会主义总任务的认识;"四个全面"战略布局,深化了对社会主义建设规律的认识;"使市场在资源配置中起决定性作用,更好发挥政府作用"的命题,深化了对社会主义市场经济理论的认识;"新发展理念""以人民为中心的发展思想""经济发展新常态""供给侧结构性改革""现代化经济体系"的理论,深化了对中国特色社会主义政治经济学的认识;"总体国家安全观",深化了对马克思主义安全观的认识;"人类命运共同体"的理念,深化了对马克思主义世界历史理论的认识;"党是最高政治领导力量""把党的政治建设摆在首位""全面从严治党""'十四个坚持'的基本方略"等新思想、新战略,深化了对共产党执政规律的认识;"一带一路"倡议,深化了对人类社会发展规律的认识,等等。从马克思主义发展历程向度看,新时代中国特色社会主义思想在传承发展中,开辟了马克思主义中国化的新时代境界。

2. 中华民族伟大复兴的行动指南

进入新时代,中国共产党以巨大的政治勇气和强烈的责任担当,提出一系列新理念、新思想、新战略，出台一系列重大方针政策，推出一系列重大举措，推进一系列重大工作，解决了许多长期想解决而没有解决的难题，办成了许多过去想办而没有办成的大事，推动党和国家事业发生历史性变革。中国共产党带领人民将实现决胜全面建成小康社会的伟大胜利，改革开放和社会主义现代化建设取得了历史性成就。取得这些历史性成就，最重要、最关键的就在于以习近平同志为核心的党中央的坚强领导，就在于习近平新时代中国特色社会主义思想的科学指导。新时代中国特色社会主义思想是全党全国人民在新时代实现中华民族伟大复兴的行动指南。

习近平新时代中国特色社会主义思想对坚持和发展中国特色社会主义的总目标、总任务、总体布局、战略布局和发展方向、发展方式、发展动力、战略步骤、外部条件、政治保证等基本问题做出了系统的回答，并且根据新的实践对经济、政治、法治、科技、文化、教育、民生、民族、宗教、社会、生态文明、国家安全、国防和军队、"一国两制"和祖国统一、统一战线、外交、党的建设等各方面做出了科学的理论分析和政策指导，提出了"十四个坚持"的基本方略，即坚持党对一切工作的领导，坚持以人民为中心，坚持全面深化改革，坚持新发展理念，坚持人民当家做主，坚持全面依法治国，坚持社会主义核心价值体系，坚持在发展中保障和改善民生，坚持人与自然和谐共生，坚持总体国家安全观，坚持党对人民军队的绝对领导，坚持"一国两制"和推进祖国统一，坚持推动构建人类命运共同体，坚持全面从严治党。这为新时代更好坚持和发展中国特色社会主义提供了基本遵循，为实现中华民族伟大复兴的中国梦提供了行动指南。

3. 为人类发展贡献了中国智慧

习近平同志在十九大报告中指出："中国共产党是为中国人民谋幸福的政党，也是为人类进步事业而奋斗的政党。中国共产党始终把为人类做出新的更大的贡献作为自己的使命。"当今世界经济复苏乏力，全球治理不畅，单边主义、霸权主义、贸易保护主义抬头的情境下，"中国不能缺席"。在国际社会期待听到中国声音、看到中国方案的关键时刻，习近平新时代中国特色社会主义思想为解决人类社会面临的共同难题贡献了中国智慧，提供了中国方案。自工业革命以来，经济全球化、现代化进程都是在西方主导下推进的，现代化的成果基本上由发达国家独享，而发展的代价则由全世界共担。广大发展中国家在经济全球化、现代化的洪流中扮演着依附的角色。中华人民共和国的成立真正开启了中国现代化进程，改革开放以后现代化进程快速发展，当今中国特色社会主义进入了新时代，中国的现代化事业进入了高质量发展时代。今天的中国，一方面吸收着来自世界各地的产品、资金、技术、人才和服务；另一方面，中国的产品、资金和技术同时走向世界，人口和服务同时走向世界，中国的思想、制度、文化开始辐射全世界。在这样的历史背景下，中国的政策主张本质上已经成为影响全球经济走向的重要因素，中国的发展战略本质上已经成为全球经济战略的一部分，中国的国际战略本质上已经成为全球治理体系改革的一部分。从理论体系上来看，新时代中国的政策主张、中国的发展战略、中国的国际战略本身就是习近平新时代中国特色社会主义思想的重要内容。从这个角度上来理解，习近平新时代中国特色社会主义思想具有了世界历史意义，表现在经济、制度和价值观三个层面。在经济层面，中国开辟的新型现代化之路、提供的新型经济全球化方案、倡导的"一带一路"建设、提出的世界经济复苏方案，为改写全球发展观念、强化全球经济治理、加快世界经济复苏做出了突出贡献。在制度层面，中国倡导并积极参与的亚投行、金砖银行、丝路基金等多边金融架构，中国推动构建的以合作共赢为核心的新型国际关系，中国提出的新型大国关系，中国倡导的"一带一路"国际合作机制，中国参与的 G20、APEC 等国际平台，为改革和完善全球治理体系做出了贡献。在价值观层面，中国提出的"人类命运共同体"理念、共商共建共享原则，为经济全球化的未来发展提供了合理性的价值引领，为重塑全球交往理性贡献了中国智慧。中国在维护世界和平事务中，按照联合国部署，派出维和部队，发挥着大国的作用担当。从人类文明进步发展历程向度来看这些贡献，习近平新时代中国特色社会主义思想为解决人类面临的共同难题贡献了中国智慧，提供了中国方案。

（二）新时代的内涵特征

中国特色社会主义新时代，不是一般历史学上时代划分的概念，是从中国共产党和国家事业发展的角度提出来的，是从发展宗旨、发展道路、国家建设、民族复兴等维度所定义的新时代。新时代意味着新方位、新起点、新征程、新使命、新要求。只有全面领会中国特色社会主义新时代的丰富内涵，准确把握中国新时代发展，才能明确我们从何而来、从哪出发、将走向何方。

1. 强大生机活力的时代

马克思、恩格斯创立唯物史观，社会主义从空想变成了科学；列宁领导的十月革命取得胜利，社会主义从理论变为现实。中国共产党人把马克思主义基本原理同中国实际创造性地相结合，团结带领中国人民完成了社会主义革命，确立了社会主义基本制度，并在独立艰辛探索的基础上开辟了中国特色社会主义道路，确立了中国特色社会主义制度。党的十八大以来，以习近平同志为核心的党中央团结带领中国人民不断开拓创新，从理论和实践结合上系统回答了新时代坚持和发展什么样的中国特色社会主义、怎样坚持和发展中国特色社会主义这个重大时代课题，进一步开辟了中国特色社会主义新境界，使中国大踏步地走近世界舞台中央。中国特色社会主义建设的前半程主要是确立制度框架、形成理论体系、夯实基本物质基础的阶段；进入新时代，意味着中国特色社会主义进入了新的发展阶段。因此，中国要在坚定"四个自信"的基础上，在改革中守正出新、不断奋斗，在开放中博采众长、不断完善自己，不断深化社会主义建设规律，加快完善中国特色社会主义制度，大力推进国家治理现代化，使科学社会主义在 21 世纪的中国焕发出强大生机活力。因此，从发展道路维度看，新时代是坚持和发展中国特色社会主义并使之焕发出强大生机活力的时代。

2. 复兴光明前景的时代

中华民族是有着长时期兴盛辉煌历史的伟大民族，中华文明是目前世界上各古老文明中唯一没有湮灭而延续至今的文明。但是，自 1840 年鸦片战争以来的半个多世纪，东西方列强通过侵略战争对中国进行疯狂掠夺，中华民族陷入内忧外患的悲惨境地。从那时起，争取民族独立、人民解放和实现国家富强、人民幸福就成为中国人民的历史任务。中国共产党成立以前，中华民族的先进分子为此执着以求、艰难探索，但都没有成功。在大浪淘沙的历史选择中，中国共产党逐步担当起民族复兴的历史大任。历史和人民选择了中国共产党。近百年以来，党团结带领人民经过长期奋斗，完成了新民主主义革命和社会主义革命，建立起中华人民共和国和社会主义基本制度，继而团结带领人民迎难而上，开拓进取，进行了社会主义建设的艰辛探索；进入新时代，改革开放和社会主义现代化建设取得全方位、开创性的历史成就，党和国家面貌发生深层次、根本性历史变革，中华民族从站起来、富起来到进入了强起来的伟大进程，迎来了实现中华民族伟大复兴的光明前景。因此，从民族复兴维度看，新时代是迎来实现中华民族伟大复兴光明前景的时代。

3. 共同富裕起来的时代

改革开放以来，中国的经济实力、综合国力和人民生活水平都迈上了新台阶，到21世纪初，不但解决了温饱问题，而且人民生活水平总体上已达到小康。但是，发展不平衡、不充分问题，贫富差距拉大问题，城乡二元发展问题等不但不同程度存在，而且已成为经济社会持续发展的重要制约因素。中国共产党十八大以来，党中央果断提出创新、协调、绿色、开放、共享的发展理念，推动我国发展加快从速度规模型向质量效益型转变。十九大报告进一步强调必须坚持以人民为中心的发展思想，不断促进人的全面发展、全体人民共同富裕。乡村振兴战略、区域协调战略以及坚决打赢脱贫攻坚战等战略和举措，都是为了推动实现全体人民的共同富裕。进入新时代，人民对美好生活的需要日益增长、更加多元，不仅关心柴米油盐酱醋茶，还要品味琴棋书画诗酒茶，不仅关注物质需要的满足，更追求民主法治、公平正义、自我实现等，新时代中国发展必须立足于此。其根本宗旨是强国富民，使全体人民共同富裕起来。因此，从发展宗旨维度看，新时代是使全体人民共同富裕起来的时代。

4. 现代化强国的时代

实现现代化，是近代以来世界各个民族和国家的共同追求。但是，现在世界上已经实现现代化的国家,都是建立在发达工业文明基础上的,都实行的是资本主义制度。改革开放以来,中国特色社会主义建设所取得的历史性成就及其持续发展事实表明:不同国家的发展道路可以多元,现代化的路径并不唯一,适合本国国情的才是最好的。进入新时代,我国既要全面建成小康社会、实现第一个百年奋斗目标,又要乘势而上开启全面建设社会主义现代化国家新征程,到2035年基本实现社会主义现代化,到本世纪中叶把我国建成富强民主文明和谐美丽的社会主义现代化强国。到那时,中国特色社会主义道路、理论、制度、文化将更加完善。如果中国如期顺利实现社会主义现代化,这就意味着中国将是世界上第一个以非西方方式实现现代化的国家,这对于人类文明发展而言,拓展了发展中国家走向现代化的途径,给世界上那些既希望加快发展又希望保持独立性的国家和民族提供了全新选择,为解决人类问题贡献了中国智慧和中国方案。从建设什么样的国家维度看,新时代是实现社会主义现代化,进而全面建设社会主义现代化强国的时代,这是极具有开创性的。

(三) 新时代的改革开放

习近平同志指出:"中国特色社会主义在改革开放中产生,也必将在改革开放中发展壮大。"自1978年改革开放以来,中国共产党围绕建设中国特色社会主义这个主题进行了改革开放的理论研究和探索实践,可以看到,没有中国特色社会主义道路的确立和发展,改革开放也不可能取得重大成就并不断向纵深推进。十八大以来,习近平同志就新时代中国改革开放的历史地位、方向目标、特点规律、重要任务、组织领导和方式方法等提出一系列富有时代特点和创新价值的思想观点,带领全国人民不断深化改革、扩大开放,实现着改革开放与新时代中国特色社会主义同向同行。

1. 新推进同新开辟相互贯通

以1978年召开的十一届三中全会为标志,党领导人民开启了改革开放新时期。改革开放伊始,党就提出"建设有中国特色的社会主义"这个新的重大命题,并反复强调作为一场新的革命,改革开放是为了兴利除弊，完善和发展社会主义制度，绝不是也不允许否定社会主义基本制度。"建设有中国特色的社会主义"的提出，使改革开放有了明确方向。改革开放的实践促进了思想理论创新，推动执政理念、执政方式的创新，使中国共产党焕发出强大生机活力，迈进世界舞台；改革开放打破了束缚中国人的体制桎梏，促使亿万人民从僵化中觉醒，展现出巨大的创造力；改革开放推动了中国快速发展，不仅给中国赢得了前所未有的国际地位和国际影响，也给中国人民带来了前所未有的自信和尊严。40多年改革开放，中国取得了举世瞩目的发展成就，中华民族的精神面貌焕然一新。回溯40年改革开放历史进程可以看到，中国共产党领导下的中国改革开放实践探索都是在坚持和发展中国特色社会主义这个主题下展开的，整个改革开放的战略部署和重大举措也都是围绕这个主题逐步深化的，从回答"什么是社会主义、怎样建设社会主义"，到回答"建设什么样的党、怎样建设党"，到回答"实现什么样的发展、怎样发展"，再到回答"新时代坚持和发展什么样的中国特色社会主义、怎样坚持和发展中国特色社会主义"；改革从农村到城市，从试点到推广，从经济体制改革到全面深化改革，从部分地区和领域对外开放到全面对外开放，中国共产党在带领中国人民改革开放进程中不断回答时代之问、实践之问、人民之问，不断开启新的历史进程和历史跨越，使中国走上实现国家富强、民族振兴、人民幸福的道路。中国进入中国特色社会主义新时代，要继续推进改革开放创新发展，开辟改革开放与新时代同向共行、相互贯通新局面，筑就新时代中国发展的新成就。

2. 新布局同新格局同行确立

习近平同志指出，"中国特色社会主义之所以具有蓬勃生命力，就在于是实行改革开放的社会主义"，"改革开放是当代中国发展进步的活力之源，是我们党和人民大踏步赶上时代前进步伐的重要法宝，是坚持和发展中国特色社会主义的必由之路"。建设中国特色社会主义是一项开创性事业，改革开放是这一开创性事业的内涵要求和重大力量，40多年的改革开放，形成了与中国特色社会主义发展同向同行的改革新布局和开放新格局。十八大以来,以习近平同志为核心的党中央统筹社会革命和自我革命"两个伟大革命",着力推进改革开放,确立全面深化改革新布局和全面开放新格局,以巨大政治勇气和高超政治智慧推动改革开放深入发展。十八届三中全会对全面深化改革做出了系统部署,强化了党对改革开放工作的统一领导和顶层设计。实践表明,加大改革广度力度,着力攻坚克难,推动重要领域和关键环节改革取得了突破性进展,显著提升了社会发展活力和创造力。在带领人民进行新时代伟大实践中,习近平同志提出了一系列富有时代特点和创新价值的思想观点,如明确了改革开放是决定当代中国命运的关键一招,也是决定实现"两个一百年"奋斗目标、实现中华民族伟大复兴的关键一招;明确了我们的方向就是不断推动社会主义制度自我完善和发展,而不是对社会主义制度的改弦易张;明确了全面深化改革的总目标是完善和发展中国特色社会主义制度,推进国家治理体系和治理能力现代化;明确了围绕使市场在资源配置中起决定性作用、更好发挥政府作用深化经济体制改革,同时发挥经济体制改革牵引作用,深化各个领域的改革;明确了遵循共商共建共享原则,加强创新能力开放合作,形成陆海内外联动、东西双向互动的开放格局;等等。这些新的思想涵盖了改革开放的历史地位、方向目标、特点规律、重要任务、组织领导和方式方法等多个方面,涉及生产力和生产关系、经济基础和上层建筑的深度调整,成为习近平新时代中国特色社会主义思想的重要组成部分,为我们立足新时代、在改革开放中坚持和发展中国特色社会主义提供了科学的行动指南。

3. 新动力同新优势同向汇聚

40年前的中国面临着不改革开放就有被时代抛弃的危险,形势所迫,改革开放是"摸着石头过河"。40多年的实践证明了只有社会主义才能救中国,只有改革开放才能发展中国、发展社会主义、发展马克思主义。今天的改革开放是中国特色社会主义进入新时代的改革开放,更多的体现是一种自觉、自信和自强的使命追求。以新时代中国特色社会主义思想,深入把握坚持和发展中国特色社会主义的历史进程、目标任务和战略部署,深入把握改革开放的方位、方向、方略和节奏,同向共行,行稳致远,以改革开放的新创造新突破汇聚当代中国发展进步的新动力新优势。一是以更高站位和追求审视改革开放。新时代的改革开放,要同中国的命运和马克思主义的发展联系起来去考量,同完善中国特色社会主义制度、推进国家治理体系和治理能力现代化联系起来去谋划,只有这样,才能更深入领会新时代改革开放的重大历史意义,以更高目标追求审视和对待改革开放,使改革开放在新时代继续深化,同向共行,以更好彰显中国特色社会主义的巨大优势。二是以更强定力和自信把握改革开放,不走封闭僵化的老路,不走改旗易帜的邪路,不断推动社会主义制度自我完善和发展。中国的发展仍处于大有可为的历史机遇期,但这个历史机遇期又同我国经济社会的深刻转型、利益关系的深度调整相交织,同当今世界政治经济格局深刻变化、百年未有之大变局相叠加,深层次的矛盾和严峻问题日益凸显,各方面的风险挑战更为突出,特别是世界上有国家不愿看到社会主义中国发展壮大,对中国进行政治误导、战略遏制、全面施压的力度不断升级。在这样复杂背景下推进改革开放,必须保持足够的清醒,坚定"四个自信",保持政治定力,防止在根本性问题上出现颠覆性错误,保持以我为主,牢牢把握坚持和加强中国共产党的全面领导、坚持和完善中国特色社会主义的根本方向,把握改革方向、改革举措的主导权。三是以更宽视野和思路推进改革开放。中国特色社会主义向更高水平推进,同改革开放向更宽领域、更大范围、更深程度展开相互契合同向、相得益彰共行。全面深化改革的目标是完善和发展中国特色社会主义制度、推进国家治理体系和治理能力现代化,使各方面的制度更加科学、更加完善、更加定型,把制度优势转化为国家治理的效能。深化改革开放要充分发挥党总揽全局、协调各方的领导核心作用,更加注重工作的系统性、整体性和协同性,把发挥经济体制改革的牵引作用同其他各领域的改革更好结合起来,把释放经济社会发展活力同满足人民美好生活需要更好结合起来,把深化改革同实行更加积极主动的开放战略、加快培育国际经济合作和竞争新优势更好结合起来,把扩大实践成果和建立健全体制机制、形成高质量发展与长治久安的制度优势结合起来，用改革开放的全面深化践行推动中国特色社会主义事业的新时代全面发展。

（四）新时代的科学社会主义发展

科学社会主义自创立以来，历经实践考验。中国特色社会主义在探索中不断前行进入新时代，证明着科学社会主义的科学性和真理性，凸显着科学社会主义的理论魅力和当代价值，在国际社会重塑了科学社会主义的形象。中国特色社会主义进入新时代，为科学社会主义发展确立了新坐标，将积累新经验，提供新源泉，使科学社会主义迎来发展新机遇。中国特色社会主义进入新时代，昭示了科学社会主义新前景，为中国特色社会主义发展提供了广阔空间，为世界社会主义发展和人类社会进步带来了光明前景。

1. 新时代展现新形象

科学社会主义揭示了人类社会发展规律，强调从资本主义发展到社会主义、共产主义是一个客观历史进程，认为无产阶级政党领导、劳动人民掌握政权、生产力高度发展是实现社会主义、共产主义的条件，人的解放和自由全面发展是建设社会主义、共产主义的目标。苏联和东欧剧变前，世界社会主义由一国实践发展到多国实践、由一种模式发展到多种模式，世界上一度出现两种制度并存、社会主义和资本主义对立的格局。剧变后，世界社会主义发展陷入低谷，西方一些人甚至宣称历史已经终结，但中国特色社会主义坚持科学社会主义基本原则，实践着科学社会主义理论逻辑和中国社会发展历史逻辑的有机统一。习近平同志指出，中国特色社会主义进入新时代，"意味着科学社会主义在二十一世纪的中国焕发出强大生机活力，在世界上高高举起了中国特色社会主义伟大旗帜"。中国特色社会主义进入新时代，表明中国社会发生了深层次、根本性变革，正在朝着马克思、恩格斯设想的未来美好社会奋进。如经过改革开放特别是十八大以来的发展，中国经济实力、科技实力、国防实力、综合国力显著增强，国际地位空前提升，中华民族迎来了从站起来、富起来到向强起来奋进的伟大飞跃。又如中国特色社会主义坚持以人民为中心、坚持人民主体地位，把党的领导、人民当家做主、依法治国有机统一起来，这是对科学社会主义基本原则的遵循和发展。中国特色社会主义进入新时代，凸显了科学社会主义的理论魅力和当代价值，彰显着科学社会主义的生机和活力。中国特色社会主义进入新时代，表明中国特色社会主义取得了巨大成功，彰显了社会主义的优越性。中国特色社会主义新时代的到来，在国际社会重塑了科学社会主义的形象，新时代体现着科学社会主义的影响力和感召力。中国特色社会主义进入新时代，既是立足国内、基于国情做出的重大政治论断，也是基于国际比较、国际影响做出的重大政治论断。中国平稳快速发展和中国特色社会主义的巨大成功，引起国际社会广泛关注，得到国际社会高度认同。国际社会对"一带一路"倡议的响应、对构建人类命运共同体理念的认同、中国共产党与世界政党高层对话交流，都体现出中国国际影响力、感召力、塑造力的提升，表明中国日益走近世界舞台的中央。中国国际地位的提升，向国际社会展示了科学社会主义的新形象，证明着科学社会主义的科学性和真理性。

2. 新时代造就新机遇

新时代中国特色社会主义的伟大实践，需要科学社会主义作为指导。科学社会主义要实现新发展，就要对新时代中国特色社会主义新的实践经验进行总结，实践经验是科学社会主义发展的活水源头和科学社会主义成长的沃土肥田，离开中国实践经验的积累，就难有科学社会主义的新发展。中国特色社会主义进入新时代，其实践的空间、领域、方式得到新的提升拓展，实践经验也将更为丰富鲜活。这是科学社会主义发展的思想源泉，为科学社会主义发展提供了新的实践支点，为科学社会主义发展确立了新坐标、积累了新经验、提供了新源泉。科学社会主义在每一时代都有其需要回答和解决的时代课题，对于中国共产党来说，每一时代科学社会主义发展的主题并不是任意选择的结果，而是对接时代课题、解答时代课题的结果。中国特色社会主义进入新时代，向中国共产党人提出了新的重大时代课题：新时代坚持和发展什么样的中国特色社会主义、怎样坚持和发展中国特色社会主义。这一新的重大时代课题，成为新时代科学社会主义发展的主题。同时，新时代中国社会主要矛盾的变化为科学社会主义发展明确了重点方向,中国社会主要矛盾的变化是关系全局的历史性变化,对经济、政治、文化、社会、生态文明建设提出了许多新要求,如何解决新时代中国社会主要矛盾,既需要从理论上做出回答,又需要在实践中进行探索,以新时代为坐标创造性地运用科学社会主义基本原则指导中国实践,不断推进马克思主义时代化,使其体现时代特点、契合时代诉求,才能有效指导新时代中国特色社会主义实践。推进新时代的理论创新是科学社会主义不断发展的必然要求。习近平新时代中国特色社会主义思想是科学社会主义理论的新发展,深入回答了完成新时代历史使命所面临的重大问题和如何解决这些重大问题。它来源于新时代中国特色社会主义实践,又指引着新时代中国特色社会主义实践,也必将推动科学社会主义实现新发展。

3. 新时代展开新前景

中国特色社会主义进入新时代,为中国特色社会主义发展提供了广阔空间,开启了科学社会主义发展的新阶段,为世界社会主义发展和人类社会进步带来了光明前景。这对中国共产党人的理论创新、实践创新能力提出了更高要求:新时代中国共产党人要以宽广的眼界谋划中国特色社会主义的未来,将中国问题置于全球背景下思考,既立足国情保持发展的独立性、自主性,又充分借鉴国际社会的有益经验,不断推进新时代中国特色社会主义的理论创新、实践创新。世界社会主义如何发展,这是社会主义国家探索和思考的问题,也是全球关注和讨论的问题。中国要为人类做出更大贡献,首先要为世界社会主义发展做出更大贡献。中国特色社会主义进入新时代,为世界社会主义发展贡献了中国智慧、中国力量。发展为了谁、依靠谁,这是世界社会主义发展必须明确的问题,中国特色社会主义既强调发展以维护人民利益为取向、以增进人民福祉为追求,又强调人民是发展的主体,发展必须依靠人民,坚持以人民为中心的发展思想,对于世界社会主义发展具有普遍意义。社会主义发展的动力来自哪里,这是个世界社会主义发展无法回避的问题。中国通过全面深化改革来完善和发展中国特色社会主义制度、推进国家治理体系和治理能力现代化,展示了中国特色社会主义发展的动力所在,这对于世界社会主义发展具有借鉴意义。关于世界社会主义秉持何种发展理念问题,中国新发展理念反映经济社会发展的内在规律,在发展理念上为世界社会主义发展提供了科学指引。中国立足国情选择发展道路,坚定中国特色社会主义道路自信、理论自信、制度自信、文化自信,坚持党对一切工作的领导,这是中国保持自身独立性、自主性的成功经验,对于世界社会主义发展同样具有参考价值。新时代中国特色社会主义是人类历史进程中的伟大实践,不但能为世界社会主义发展贡献中国智慧,而且能为人类问题的解决贡献中国智慧。实际上,中国共产党人在考虑中国特色社会主义发展的同时,也在思考全球治理、人类社会进步等世界性问题。构建人类命运共同体理念、共商共建共享的全球治理观、"一带一路"倡议的提出,就是面向国际社会的中国主张、中国方案,体现了中国作为负责任大国的胸怀与担当。

二、中国新时代发展面临复杂国际环境

当今世界处在经历百年未有之大变局时期,中国新时代发展经历着世界格局大改变的国际环境。世界格局指的是国际关系结构,是指在国际舞台的主要政治力量从自身的利益出发,在一定历史时期内相互制约所形成的一种结构状态,一种力量对比态势,包括政治格局、经济格局、军事格局等。世界格局是建立在各国实力的基础上的,力量对比的变化决定着世界格局的变化。政治、经济和社会的不平衡发展是世界格局变化的根源。世界格局是一种不稳定的、内部充满矛盾斗争的国际关系状态。

(一)迎接全球政治格局新挑战

世界政治格局是在一定时期内在世界主要矛盾的主导作用下,在世界范围内形成的基本政治力量对比状况和总体态势,表现为一定的国际政治结构或体制体系;是世界上各个国家或地区政治力量的对比以及政治利益的划分状态,包括主权国家、国家集团和国际组织等多种行为主

体在国际舞台上以某种方式和规则组成一定的结构,由各种政治力量对比而形成的一种相对稳定的态势和状况。世界政治格局对一国的国防科技工业有着重大影响。

1. 多极化发展与"单极世界"

苏联解体后,美苏对峙的两极格局被打破,虽然随后形成了西欧、日本、俄罗斯、中国、印度等多极化的世界政治格局,但实质上美国仍然居于世界政治的核心。这次新旧格局转换具有以下的特点:第一,世界旧格局的解体没有经过大规模战争,而是在和平条件下进行的。第二,世界新格局的形成过程将会复杂得多,形成时间也要长得多。因为现在美国虽然成为世界上唯一的超级大国,力图建立单极世界,但它没有足够的力量搞成一统天下;其他主要大国都在争取在世界或地区的主导权,期望建立一个多极世界,但没有任何一个国家拥有足够的实力,可单独与美国相抗衡。因此,在一段时间内,多极化与"单极世界"之间存在斗争,有时甚至是激烈的斗争。世界各种力量必然要经过长时期的消长、分化、组合的过程,才能重新形成稳定的格局。第三,世界新格局的形成将是一个渐进过程。各主要大国都在力争对自己有利的世界新格局,为争夺对世界新格局的主导权展开斗争。斗争将是激烈的,可能是持久的,斗争的结果将取决于历史的"合力",而在和平时期,这需要经过一个长期的演进过程。

2. 美国的霸权主义和强权政治

20世纪80年代末,由于欧洲格局的剧变,能够与美国抗衡的苏联解体,美国成为世界上唯一的超级大国,美国充当了世界警察和各国家长的角色,甚至抛开联合国和公认的国际法准则于不顾,将自己国家内部法用于干涉他国内政,借其强大的军事力量及经济力量在全球范围内推行霸权主义和强权政治。从美国对外军事行动可以看到,近些年来,美国策划了海地等国家的内战使之分裂,先后发动战争,以冠冕堂皇的借口入侵阿富汗和伊拉克,还借口核问题把矛头指向朝鲜和伊朗。美国至今仍然没有停止对社会主义国家的和平演变政策和破坏行为,在我国南海、台湾和香港等进行挑衅我国底线的行为。这些事实表明,尽管美国对待各国的方式不同，但其实质不会改变，那就是凭借其强大的军事实力、科技实力和经济实力在全球范围内推行霸权主义和强权政治，以实现长期统治世界的目的。哪个国家反抗，就要对哪个国家进行制裁；哪个国家顺从，就要对哪个国家进行控制。美国的这个野心不灭绝，其行为就不可能停止，在未来较长的一段时期里，美国依然会推行霸权主义和强权政治，强化对中国和俄罗斯等国家干涉，这将会成为未来世界政治格局难以改变和矛盾冲突的核心。

3. 中美关系

中国改革开放 40 年，经济迅猛发展，政治格局影响力不断提升，使其和平崛起将成为推动国际秩序朝着公正合理方向演进的重要因素，但中国的发展自然会引起世界许多国家的种种看法，归纳起来大体上有三类：一是世界对于中国这种经济成就能否持久保持抱有多大信心；二是中国的政治结构能够在多大程度上控制住这一进程；三是中国在较广泛的国际舞台上可能将发挥何种作用。中国和平崛起的理论实际上就是对这些问题的回答。所谓崛起，就是确保持续稳定健康地发展，不断增进中国人民的福利水平，使世界体系在今后的发展和运作中存在中国的积极参与，让中国的实际利益和权利在现行或未来的国际政治经济秩序中得到应有的尊重，给中国以机会对全人类做出更大的贡献。所谓和平，是说中国实现崛起的目标是为了世界和平，采取的手段也是和平的，要通过参与国际分工，通过遵守现行国际规则，通过以建设性的态度对待积累起来的和新出现的种种问题，来实现自身崛起，同时有利于世界和平，而不是做现行国际制度的挑战者或破坏者。当今，中国特色社会主义进入了新时代，这是中国日益走近世界舞台中央、按照"人类命运共同体"理念，不断为人类做出更大贡献的时代。在这个时代，中国已经走过了与世界接轨的时刻，而进化到为改善世界治理而参加国际制度领域的顶层设计，中国为世界发展不断努力，从推动地区乃至世界层面的基础设施互联互通，到为亚洲基建创办新的国际金融机构，再为形塑亚洲地区相互信任与共同安全机制而身体力行。与此同时，中国的科学技术以及国防能力有了显著的提升。所有这些对美国统治者带来了极大挑战,当今,中美关系进入重大调整期。这一时期,美国统治者对于中国进入中国特色社会主义新时代产生敌意,台湾问题和双边经贸问题成为中美关系的核心纠结。在台湾问题上,美国行政当局对"一个中国"原则大打折扣,大力支持"台独"势力;在双边经贸问题上,美国行政当局不断挑起事端。"一个中国"和国际经贸是"国家富强、民族复兴、人民幸福"的首要,中国通过进一步改革开放,通过对外经济合作包括进出口实现国富;中国只有实现国家的完整统一才能通往民族复兴,中国在台湾问题上坚持"一个中国"没有任何妥协余地。因此,中美双方在这两个方面的博弈将持续存在。可以看到,美国打压中国有着更深层的用心。中华民族是热爱和平的民族,也是不畏任何强敌的民族,正如习近平同志在庆祝中华人民共和国成立70周年讲话中所指出的:"70年来,全国各族人民同心同德、艰苦奋斗,取得了令世界刮目相看的伟大成就。今天,社会主义中国巍然屹立在世界东方,没有任何力量能够撼动我们伟大祖国的地位,没有任何力量能够阻挡中国人民和中华民族的前进步伐。"中国和美国是世界前两大经济体,又都是联合国安理会常任理事国,两国交恶不利于世界的和平、稳定和繁荣,美国与中国相向而行、合作共赢是中美关系发展的唯一正确选择,也将为世界和平与发展开辟光明前景,这是中国的愿望,但是,中国必须做好各种斗争的充分准备。

(二)迎接全球科技竞争新挑战

当今世界,正在迎接新的科技革命、产业变革和军事革命的到来。国防实力的基础在于国防科技工业能力水平,中国只有在迎接全球科技竞争和产业竞争的新挑战中,更快更好发展自己,才能为实现强国梦、强军梦奠定科技和产业基础。

1. 科技革命与产业变革

科学革命指的是科学理论、方法、知识等巨大的进步,是科学的理论、概念、规范,也就是范式或模式的突破,新学科的诞生并延伸到其他学科。科学革命的先导有时来自哲学思潮、有时来自技术与实验的突破,如伦琴射线的发现导致了后来的物理学革命,DNA 双螺旋结构的发现导致了分子生物学时代等。科技革命是对科学技术进行全面的、根本性变革。近代历史上已经发生过三次重大的科技革命。18世纪末,蒸汽机的发明和使用,引起了第一次科技革命;19世纪末,电力的发现和使用引起了第二次科技革命;第二次世界大战后,特别是近三十年来,先后出现了电脑、能源、新材料、空间、生物等新兴技术,引起了第三次科技革命。第三次科技革命无论在规模、深度与影响上都远远地超过前两次。专家学者认为,世界进入第四次科技革命进程中,第四次科技革命是以人工智能、清洁能源、机器人技术、量子信息技术、虚拟现实和生物技术为主的全新技术革命。

工业革命又称为产业革命或产业变革,建立在经济与产业结构变革的基础上,主要决定于科技革命是否到达导致一系列产品在技术与设计等方面广泛的革新。第一次工业革命所开创的"蒸汽时代",标志着农耕文明向工业文明的过渡,是人类发展史上的一个伟大奇迹;第二次工业革命进入了"电气时代",使得电力、钢铁、铁路、化工、汽车等重工业兴起,石油成为新能源,并促使交通的迅速发展,并逐渐形成一个全球化的国际政治、经济体系;两次世界大战之后开始的第三次工业革命,更是开创了"信息时代",全球信息和资源交流变得更为迅速,大多数国家和地区都被卷入全球化进程之中,人类文明的发达程度也达到空前的高度。第三次信息革命方兴未艾,还在全球扩散和传播。21世纪的系统生物学与系统生物工程兴起,将导致计算机技术、纳米技术、生物技术、医药技术等学科的高度交叉与整合,从而带来在材料、能源、信息产业的全面生物产业化。同时人工智能、大数据、云计算、新型互联网技术发展等综合作用,将带来新的第四次产业革命。科技发展无止境,创新驱动产业新发展。

2. 中国的机遇与挑战

人类历史上先后发生三次工业革命,都发源于西方国家,并由它们所主导。在前两次工业革命过程中,中国都是边缘化者、落伍者,错失机会,改革开放使中国搭上了末班车,但还是个"后来者",所幸的是中国人民奋发图强,作为"追赶者"而大步前行,不懈努力使中国实现了成功追赶，成为世界最大的信息通信技术生产国、消费国和出口国。中国在迎接全球科技竞争新挑战中，从"并肩"到"领跑"系统开展自主创新、协同创新、开放创新，向着科技强国迈进，其中国防科技工业起着主力军的重要作用。

3. 避免现代化陷阱

经过长期努力，中国特色社会主义进入了新时代，这标志着中国现代化历史进程进入了新阶段。关于新时代的中国现代化发展战略目标，十九大报告综合国际国内形势和国内发展现状，提出了更加具体和更为详细的新时代"三步走"路线图，即到2020年是全面建成小康社会决胜期，从2020年到2035年要基本实现社会主义现代化，从2035年到本世纪中叶要把我国建成富强民主文明和谐美丽的社会主义现代化强国。新"三步走"战略适应了中国进入新时代后的新形势，不仅把基本实现现代化目标的时间提前了十五年，还超越了原来的达到中等发达国家的既定目标，将"美丽"作为现代化强国追求的目标之一，体现了中国社会主要矛盾发展变化后人民群众对美好生活的新要求，展现了中国人民实现中华民族伟大复兴的高远抱负和坚定信心，破解了经济文化落后国家如何进行社会主义现代化建设的问题，拓展了发展中国家走向现代化的新途径。同时，中国新时代现代化面临着前所未有的困难，其中有可能遭遇"中等收入陷阱""塔西佗陷阱""修昔底德陷阱"等现代化陷阱的挑战。"中等收入陷阱"是一个国家的人均收入达到中等水平后，由于缺乏创新能力，不能及时实现由依靠廉价劳动力或自然禀赋导向的发展方式向依靠高生产率导向的经济发展方式的转变，从而导致经济增长动力不足并最终出现经济停滞的一种状态。根据拉美一些国家的发展经验，一旦陷入"中等收入陷阱"，就会出现诸如经济增长回落或停滞、贫富分化严重、腐败多发、社会公共服务短缺、就业困难、社会动荡、信仰缺失和金融体系脆弱等严重问题。当前，中国经济发展已进入新常态，经济增长速度正从高速转向中低速，加之体制改革、社会分配、技术创新、政府与市场的关系等各方改革进行，一旦在发展方向或宏观政策上出现失误，或者遭遇到强大的外部冲击，就有可能会消耗掉过去40年改革开放红利并掉入"中等收入陷阱"。"塔西佗陷阱"主要是公权力失信于民带来的负面效应，即政府无论说真话还是假话，做好事还是坏事，都会被社会认为是说假话和做坏事，具体到中国的现实政治生活，由于部分党员干部政治意识淡薄，对人民群众的生活漠不关心，政治上常常弄虚作假、口是心非、无所作为、贪污腐败，造成了部分群众不信任政府机构及官员的现象，削弱了党的执政地位和合法性基础，增加了社会治理的难度。此外，新兴大国在崛起过程中还可能遇到现存大国的遏制，从而出现引发各种冲突甚至战争的"修昔底德陷阱"。中国作为正在迅速崛起的大国，不可避免地与现存大国存在着一定的竞争甚至对抗关系，如中美关系在本质上就是这种竞争关系的反映。要实现中国现代化伟大目标，必须在实现经济高质量发展同时，搞好政治建设、社会治理、国防建设和文化建设等各个方面，战胜各种现代化陷阱的挑战。

（三）迎接全球军事革命新挑战

当前，国际形势正在发生复杂深刻变化，国际体系进入加速演变和深度调整期，各种国际力量加快分化组合。为适应新的国际安全形势，各国正在大力推进新军事革命，以增强自身国防实力和国际竞争力。

1. 新军事革命基本内涵

新军事革命是指在新的时代，以科技革命、产业变革技术为核心并得以广泛应用，从而引起军事领域武器装备、军事理论和组织体制等一系列的根本变革，导致改变战争形态和军队建设模式的革命。新军事革命主要包含新军事技术、新武器装备、新军事理论、新组织体制等要素。当前，世界新军事革命加速发展，各主要国家加紧推进军事转型、重塑军事力量体系，这将对国际政治军事格局产生重大影响。世界新军事革命深入发展的基本内涵主要包括：体制编制的联合化、小型化、自主化趋势更加明显；武器装备呈现出向数字化、精确化、隐形化、无人化和智能化的发展趋势；联合作战形态向非接触、非线性、非对称、非正规和无形、无声、无人等作战方向发展；军队指挥形态更加扁平化、自动化、网络化和智能化，一体化联合作战指挥体系逐步形成；现代国防管理体制不断完善。世界新军事革命深入发展的主要标志是主要国家纷纷提出军队建设新的发展目标和建军方针。世界新军事革命深入发展的突出特点主要有：一是深刻性。从军事技术层面、军事组织层面、作战理论层面，深入到军事文化层面，提出了军事转型文化、联合文化和理论创新文化等。二是全面性。不但涉及信息化军事技术形态、联合化组织形态和高效化管理形态，而且包括了军事理论形态、作战形态、保障形态、教育形态等各个领域。三是务实性。着力提升指挥控制能力、情报能力、火力打击能力、机动能力、防护能力、保障能力、信息能力、国际交流能力。四是不平衡性。美国始终处于领先地位，英、法等其他发达国家紧随其后积极跟进并加快推进军事转型，俄罗斯开展"新面貌"军事改革并完成军事组织形态的转型，印度、巴西等新兴国家以改善武器装备为重点进行有选择的军事改革。

2. **新军事革命发展形态**

新军事革命技术形态正在向智能化、网络化、微型化、高超声速和无人化的方向发展。新军事革命组织形态正在向优化结构、减员增效、模块组合、"去重型化"的方向发展。新军事革命作战力量正在向一体化、无人化、网络化、太空化的方向发展。新军事革命国防管理正在向注重战略规划、提高军费使用效益、增强科研创新能力、提高军队职业化水平的方向发展，特别是提高科技创新能力，优化国防科技布局和军工能力体系，提升国防科技工业竞争力。建设新时代中国特色先进国防科技工业体系，建设现代化国防和人民军队，实现新军事革命，为打胜仗做好充分准备，是新时代中国特色社会主义建设的重要内容。

3. **军事革命演进规律**

世界新军事变革加速发展，直接影响国家综合国力，特别是军事实力，关乎战略主动权。建设一支能打胜仗的新型军队，建设新时代中国特色先进国防科技工业体系，必须深入研究和准确把握军事革命的演进规律。古时，人类以创造力首先解放"物之力"。人类用石刀、石斧，劈开了文明的初路；用铜器、铁器产生出农业社会，造就了 5 000 多年的农业文明。近代以来，人类以创造力进而解放"能之力"。蒸汽机的发明，引发了第一次工业革命；内燃机的出现，使得轮船、汽车、飞机等相继问世；电作为能源，开启了现代文明的大门；核能的出世，集物与能于大成，给人类带来福与祸，造就了300多年的工业文明。数十年前，人类发明了计算机，开启了数据为源、信息为流的信息时代，人类进入信息社会；进入新世纪，人类迈向感知智能以及更高阶的认知智能新领域，类脑芯片、大数据、云计算、深度学习等新科技群的层出不穷，使人工智能短期内在图像识别、自然语言识别以及人机博弈性游戏对抗中取得震撼性成果，人类开始进入知识为源、智慧为流的智慧时代，智慧社会正在到来。可以认识到人类社会从农业社会、工业社会、信息社会，开始向智慧社会发展，人类文明的演进规律是从"物"到"能"至"智"之力的解放，从数据、信息、知识到智慧，人类正向着"智之力"驱动的智业革命前进。相应的，纵观世界军事史上相继涌现的金属化、火器化、机械化、信息化军事革命浪潮，实现了"矢之革命"和"知之革命"，金属化、火器化、机械化本质上属于"矢之革命"，信息化则属于"知之革命"。物质科学和信息科技的发展及军事应用，使战争空间由陆地依次拓展到海洋、天空、电磁空间，向深地、深海、深空拓展延伸和天地一体化发展。专家认为，伴随人类正向着"智之力"驱动的智业革命，军事革命将发生智能化、生物化军事革命。智能化、生物化军事革命将争夺"制脑权"。随着生物科技、认知科学的革命性突破，记忆、学习、规划、决策、洞察、情绪、意志、精神、智慧等意识的脑与神经精神系统，终将成为新的作战空间，作战空间进一步拓展为物质空间、信息空间和意识空间的融合，智能化、生物化军事革命将是生物科技发端的军事革命，对重建、重构、重塑的大国军队则是必将面对的发展之考，也是国防科技工业创新体系必将面对的发展之考。

（四）迎接全球文化竞争新挑战

全球化的时代是文化竞争的时代，文化在综合国力竞争中的地位日益重要。一个国家要想成为大国强国，不仅仅要有有形的硬实力，还需要软的实力,文化是国家竞争力的重要基底。文化是民族的血脉和灵魂,是国家发展、民族振兴的重要支柱,是民族生命力、凝聚力和创造力的重要源泉。迎接全球文化竞争新挑战,中国需要涵养文化自信,坚守核心价值观,把握文化建设的发展向度。

1. 涵养新时代文化自信

迎接全球文化竞争新挑战,中国需要涵养新时代文化自信。一是文化自信应基于文化自知之上。涵养中国向新而行的文化自信,重要前提是普遍性地增进、提升中华民族对于自己的文化的认知、理解,由认知理解而走向认同与确信,增强传承好、发展好自己民族文化的自觉,增强推动当代中国文化创新发展的责任意识与使命感。这里的"自知",包括对优秀传统文化之"知";对近代以来中国共产党在领导人民革命进程中所形成的革命文化之"知",对中国特色社会主义文化之"知"。二是需要从全球洞察力的高度对已发现问题与发展课题积极回应,涤除仍客观存在的文化上的不自信。国力国运的消长沉浮与一个国家的自信心有着密切关联,自信心是国力国运提升的精神牵引,向上的、强大的国力国运是自信心的硬支撑。随着中国综合国力和国际影响力的迅速提升,中国人的民族自信心自豪感呈现出不断恢复、随之增强的发展走势,这是文化自信与民族复兴进程必然相伴的自发恢复。强调文化自信的涵养,就是要引导这种文化自信从自发恢复,走向自觉成长。一方面,需要引导克服自发恢复的文化自信中非理性的成分,如虚荣的骄傲、自负的膨胀、片面的思古等,使不断增长的文化自信始终成为中国前行的正向推助和牵引;另一方面,更广泛地引导中国人认识当代中国向前向上的大局和大势,在道路自信、理论自信和制度自信中,认识增进文化自信对于文明重振、民族复兴的意义,促进中国人民族自信、发展自信、文化自信的普遍性增进。新时代军工文化同样需要从全球洞察力的高度对已发现问题与发展课题积极回应,实现传承发展建设。

涵养新时代文化自信重在践行:一是要践行应对当今时代激烈文化竞争的精神底气。提升振奋中国的文化自信,展现有着悠久文明底蕴的中华民族的文化新创造、新风采、赢得优势、展现魅力，是中国新时代文化发展的必然要求。二是践行文化自信。中华民族对于自我文化理想、价值、活力与前景的确信，包含着我们先辈留下的优秀文化遗产、我们正在进行的文化实践和我们所应努力开创的文化新气象，这些整体上展示着我们所要涵养的文化自信的本质与内涵。三是践行的文化自信是中国特色社会主义的文化自信。中国特色社会主义是改革开放以来党的全部理论和实践的主题，生动展开这一主题，深入推进这一伟大实践，需要我们有坚定的自信。新时代的文化自信是中华民族实现伟大复兴所内在要求的坚定自信的文化方面。中国特色社会主义文化建设是中国特色社会主义事业的重要构成，推进这样的文化建设，需要的是与之相应的、中国特色社会主义的文化自信，这是我们所要涵养的文化自信的本质所在。四是要践行的文化自信是立足当下、继往开来的文化自信。历史文化是中华民族的宝贵财富，是我们文化自信的重要底气，只有在复兴发展的历史接续中、在优秀传统文化创造性转化与创新性发展的当代实践中，才会更加充实巩固，以助于国人更好地认清"我是谁""我从哪里来""到哪里去"。五要践行的文化自信是立足中国、面向世界的文化自信。文化自信不等于文化上的自我迷恋、自我欣赏、自我保守和自我封闭，新时代中国所需要的文化自信，既体现在对自我文化的确信和主体性、原创性的文化开拓，也内含着美人之美的雅量、开放包容的气度、择善而用的从容。正如习近平同志指出的："各国各民族都应该虚心学习、积极借鉴别国别民族思想文化的长处和精华，这是增强本国本民族思想文化自尊、自信、自立的重要条件。"

2. 坚守核心价值观

迎接全球文化竞争新挑战，立足新时代继往开来、立足中国面向世界的中国特色社会主义文化自信，是当今中华民族向新而行的文化自信。新时代文化自信，需要聚焦坚守社会主义核心价值观这个核心。国防科技工业更应一以贯之。十八大提出了"富强、民主、文明、和谐，自由、平等、公正、法治，爱国、敬业、诚信、友善"的社会主义核心价值观，要求积极培育和践行社会主义核心价值观。富强、民主、文明、和谐是国家层面的价值目标；自由、平等、公正、法治是社会层面的价值取向；爱国、敬业、诚信、友善是公民个人层面的价值准则。社会主义核心价值观是社会主义制度的灵魂，是社会主义文化的精髓，是中国精神的凝练。核心价值观的自信是文化自信的内核所在，要涵养中国特色社会主义的文化自信，根本的任务和路径是要有效地推进社会主义核心价值观的培育弘扬，让社会主义核心价值观深入国人心中并努力践行。文化能力是一个国家在推进文化繁荣发展方面所具有的素质，一个国家的文化能力，既是其文化发展状况的标示，是其文化发展的依据，也是其文化自信构成的重要基础。在建设中国特色社会主义文化能力强国进程中，坚持文化自信，积极构建和传播中国价值观念，日益成为国人普遍的精神状态和价值取向。从某种意义上说，文化建设特别是价值观建设，是中国特色社会主义建设的重要维度，是全面建成小康社会、实现中华民族伟大复兴中国梦的巨大精神支撑。习近平同志指出："提高国家文化软实力，要努力传播当代中国价值观念。当代中国价值观念，就是中国特色社会主义价值观念。"从内容上看，当代中国价值观念集中体现为社会主义核心价值观；从其作用上说，当代中国价值观念对内凝聚民族精神，对外提升国家形象。在构建和传播当代中国价值观念中进一步坚定文化自信，这是当代中国文化建设中的一个重要内容，也是一个显著特色。

3. 把握文化建设的向度

文化是衡量经济社会发展水平的重要指标，是体现国民素质、展现国家形象的重要窗口。习近平总书记指出，"一个国家、一个民族的强盛，总是以文化兴盛为支撑的"。在迎接全球文化竞争新挑战中，开展文化建设，需要把握好文化建设的向度：一是必须始终坚持以马克思主义理论为基础。在文化交流碰撞日益频繁的当今时代，面对多元多变的思想意识和文化浪潮的冲击，必须在文化建设中坚持马克思主义，高扬中国特色社会主义的旗帜，不断巩固习近平新时代中国特色社会主义思想的指导地位，牢牢把住文化建设的社会主义方向，确保文化建设的正确向度。二是必须立足中华优秀传统文化，必须体现中华民族道德观念和价值取向，彰显中华民族特色和精神，增强对中华民族文化的自重、自尊与自爱，充分树立文化自信。三是必须植根于人民群众，充分发挥文化引领风尚、教育人民、服务社会、推动发展的作用，夯实文化建设的群众基础。四是必须顺应新时代发展要求，紧跟新时代发展步伐，反映新时代特色，彰显新时代精神，在科学化、民族化、大众化、信息化等中加以体现，增强中华民族文化的发展能力水平。

三、加快国防科技工业新时代创新发展

进入中国特色社会主义新时代，加快国防科技工业在新时代的创新发展成为历史的必然选择和军工人的责任担当。

（一）维护新时代国家安全的坚强基石

国防科技工业是维护国家安全的坚强基石。十八大以来，习近平同志着眼国际战略格局和国家安全形势深刻变化的大背景，站在国家发展和民族复兴战略全局的高度，结合国防科技工业实践和所面临的矛盾，提出一系列重大战略思想，做出一系列重大决策部署，创新发展了党的国防科技工业建设理论，为国防科技工业改革发展提供了战略指引和根本遵循。

1. 坚定履行强军首责

习近平同志在十九大报告中强调坚持走中国特色强军之路，全面推进国防和军队现代化。习近平同志指出，国防和军队建设正站在新的历史起点上，必须全面贯彻新时代党的强军思想，贯彻新形势下军事战略方针，建设强大的现代化陆军、海军、空军、火箭军和战略支援部队，打造坚强高效的战区联合作战指挥机构，构建中国特色现代作战体系，担当起党和人民赋予的新时代使命任务，适应世界新军事革命发展趋势和国家安全需求，提高建设质量和效益，确保到2020年基本实现机械化，信息化建设取得重大进展，战略能力有大的提升；同国家现代化进程相一致，全面推进军事理论现代化、军队组织形态现代化、军事人员现代化、武器装备现代化，力争到2035年基本实现国防和军队现代化，

到本世纪中叶把人民军队全面建成世界一流军队。为此，国防科技工业必须加快建设先进国防科技工业体系，努力实现跨越发展；必须坚定履行强军首责，有效支撑世界一流军队建设，为军队"能打仗、打胜仗"提供物质和技术保障；必须着眼一体化战略体系和能力构建，全力推进军民融合深度发展；必须全面贯彻创新驱动发展战略，进一步提升国防科技工业自主创新能力；必须深化国防科技工业改革，加快实现国防科技工业治理体系和治理能力现代化的步伐；切实加强统筹、优化布局，深入推进军工核心能力体系效能型建设，实现国防科技工业能力水平新提升和新时代军工文化传承发展。

2. 坚持贯彻总体国家安全观

2014年，习近平同志首次提出总体国家安全观，要求坚持总体国家安全观，走出一条中国特色国家安全道路，这为新时代国防科技工业发展提出了新职责要求。增强忧患意识，做到居安思危，是中国共产党治党治国始终坚持的一个重大原则。中国共产党要巩固执政地位，要团结带领人民坚持和发展中国特色社会主义，保证国家安全是头等大事。新时代的中国国家安全内涵和外延比历史上任何时候都更加丰富，时空领域比历史上任何时候都更加宽广，内外因素比历史上任何时候都更加复杂，因此，必须坚持贯彻落实总体国家安全观。贯彻落实总体国家安全观：必须既重视外部安全，又重视内部安全，对内求发展、求变革、求稳定，建设平安中国，对外求和平、求合作、求共赢，建设和谐世界；必须既重视国土安全，又重视国民安全，坚持以人为本，坚持国家安全一切为了人民、一切依靠人民，真正夯实国家安全的群众基础；必须既重视传统安全，又重视非传统安全，构建集政治安全、国土安全、军事安全、经济安全、文化安全、社会安全、科技安全、信息安全、生态安全、资源安全、核安全和生物安全等于一体的国家安全体系；必须既重视发展问题，又重视安全问题，发展是安全的基础，安全是发展的条件，富国才能强兵，强兵才能卫国；必须既重视自身安全，又重视共同安全，打造命运共同体，推动各方朝着互利互惠、共同安全的目标前行。总体国家安全观是发展的安全观、辩证的安全观、包容的安全观、人民的安全观，将中国国家安全观提升到了一个新的境界。新时代国防科技工业发展必须坚持贯彻新时代总体国家安全观，履行好总体国家安全观所赋予的神圣职责。

3. 全面实施国家战略

把国防和军队现代化建设深深融入经济社会发展体系之中，全面推进经济、科技、教育、人才等各个领域的融合，在更广范围、更高层次、更深程度上把国防和军队现代化建设与经济社会发展结合起来，为实现国防和军队现代化提供丰厚的资源和可持续发展的后劲。2015年，习近平同志首次提出把军民融合发展上升为中国国家战略，要求把走中国特色军民融合式发展与实现中华民族伟大复兴紧密联系在一起，推动中国国防建设和经济建设良性互动，确保在中国全面建成小康社会进程中实现富国和强军的统一。军民融合是实现强国梦、强军梦的必由之路，对于提高中国人民解放军能打仗、打胜仗，有效维护国家主权、安全、发展利益，具有极其重要的现实意义。国防科技工业是军民融合发展的重点领域，是实施军民融合发展战略的重要组成部分。推动国防科技工业军民融合深度发展，必须全面坚持以习近平新时代中国特色社会主义思想为指导，认真落实党中央、国务院决策部署，统筹推进"五位一体"总体布局和协调推进"四个全面"战略布局，牢固树立和贯彻落实新发展理念，以军民融合发展战略为引领，突出问题导向，聚焦重点领域，完善政策法规，落实改革举措和制度建设，推进军民结合、寓军于民的武器装备科研生产体系建设，实现军民资源互通共享和相互支撑、有效转化，推动国防科技工业军民融合深度发展，建设中国特色先进国防科技工业体系，同时推进军工文化新时代传承发展。推进国防科技工业军民融合发展，要在党中央统一领导下，加强国防科技工业军民融合政策引导、制度创新，健全完善政策，打破行业壁垒，推动军民资源互通共享；要充分发挥市场在资源配置中的作用，激发各类市场主体活力，推动公平竞争，实现优胜劣汰，促进技术进步和产业发展，加快形成全要素、多领域、高效益的军民融合深度发展格局；要针对制约国防科技工业军民融合深度发展的障碍，围绕"军转民""民参军"、军民两用技术产业化、军民资源互通共享等重点领域,解决深层次和重点、难点问题,向更广范围、更高层次、更深程度推动军民融合发展;要充分发挥有关部门和地方政府作用,调动军工集团公司、军队科研单位和中科院、高等学校以及包括民营企业在内的其他民口单位等多方面积极性,形成各方密切合作、协同推进的强大合力;要注重政策统筹协调,有序推进,成熟一项、落实一项;要进一步扩大军工开放,推动军品科研生产能力结构调整,打破军工和民口界限,不分所有制性质,形成小核心、大协作、专业化、开放型武器装备科研生产体系,核心能力由国家主导,重要能力发挥国家主导和市场机制作用,一般能力完全放开,促进竞争,择优扶强;要扩大军工单位外部协作,避免垄断和不公平竞争,维护市场良性竞争秩序,积极引入社会资本参与军工企业股份制改造;要完善武器装备科研生产准入退出机制,推进武器装备科研生产竞争,健全完善信息发布和共享制度,加强军民资源共享和协同创新,推动科技创新基地和设备设施等资源双向开放共享,加强军工重大试验设施统筹使用,完善军民协同创新机制,推动技术基础资源军民共享,积极利用民口产能,支持武器装备科研生产单位为大安全、大防务提供装备和服务;要加强国防科技工业人才队伍建设,利用全社会优势教育资源,围绕武器装备建设和国防科技工业发展需求,大力开展国防特色高校共建和国防特色学科建设,开展探索性、创新性基础研究和前沿技术研究,加强国防科技创新团队建设,培养一批工程型号领军人才,吸引优秀人才投身国防科技工业建设,依托军工单位及相关院校开展军队装备技术保障人才教育培训;要促进军民技术相互支撑、有效转化,支撑重点领域建设,推动军工服务国民经济发展,发展典型军民融合产业,开拓国际市场。国防科技工业全面实施军民融合发展国家战略对军工文化传承发展提出了新课题,也必然要求军工文化在新时代实现继承、创新、发展和引领。

(二)推进新时代国家创新发展的强大引擎

十八大以来,以习近平同志为核心的党中央着眼世界科技创新发展大势,系统推进创新驱动发展国家战略。国防科技工业是国家科技创新的主力军,应当成为推进新时代国家创新驱动发展的强大引擎。

1. 贡献新时代建设科技强国新动能

科技兴则民族兴,科技强则国家强。中国要强,中国人民生活要好,必须有强大科技。2016年5月,习近平同志在全国科技创新大会、两院院士大会、中国科协第九次全国代表大会上指出:"我们比历史上任何时期都更接近中华民族伟大复兴的目标,我们比历史上任何时期都更需要建设世界科技强国!"这是以习近平同志为核心的党中央综合分析国内外大势、立足我国发展全局做出的重大战略判断。习近平同志强调:"我国科技事业发展的目标是,到2020年时使我国进入创新型国家行列,到2030年时使我国进入创新型国家前列,到新中国成立100年时使我国成为世界科技强国。"这是新时代的召唤,科学技术从来没有像今天这样深刻影响着国家前途命运,从来没有像今天这样深刻影响着人民生活福祉。习近平同志英明指出:"当前,全党全国各族人民正在为全面建成小康社会、实现中华民族伟大复兴的中国梦而团结奋斗。我们比以往任何时候都更加需要强大的科技创新力量。"国防科技工业是高技术聚合的产业,是国家科技创新力量的中坚,应该为建设科技强国贡献新动能。

建设科技强国,是新时代实现中华民族伟大复兴中国梦的必然选择。自古以来,科学技术就以一种不可逆转、不可抗拒的力量推动着人类社会向前发展。从某种意义上说,科技实力决定着世界政治、经济力量对比的变化,也决定着各国各民族的前途命运。中华民族是富有创新精神的民族,发明了造纸术、火药、印刷术、指南针,在天文、算学、医学、农学等多个领域创造了累累硕果,为世界贡献了无数科技创新成果,对世界文明进步影响深远、贡献巨大,也使中国长期居于世界强国之列。然而,明代以后,由于封建统治者闭关锁国、夜郎自大,中国同世界科技发展潮流渐行渐远,屡次错失富民强国的历史机遇。鸦片战争之后,中国更是一次次被打败。中国落后挨打的根子之一就是科技落后。今天,中国比历史上任何时期都更接近实现中华民族伟大复兴的目标,比历史上任何时期都更有信心、更有能力实现这个目标。而要实现这个目标，国防科技工业就必须同全国其他战线一道坚定不移贯彻科教兴国战略和创新驱动发展战略，坚定不移走科技强国之路；必须坚持走中国特色自主创新道路，面向世界科技前沿、面向国家重大发展需求，加快各领域科技创新，掌握全球科技竞争先机，建设世界科技强国。

新时代中国经济社会发展比历史上任何时期都更需要科技供给，科技是国之利器，国家赖之以强，企业赖之以赢，人民生活赖之以好。经过改革开放40多年努力，中国经济总量已经居世界第二。同时，中国经济发展的不少领域大而不强、大而不优。新形势下，主要依靠资源、资本、劳动力等要素投入支撑经济增长和规模扩张的方式已不可持续，中国发展正面临着动力转换、方式转变、结构调整的繁重任务。现在，中国低成本资源和要素投入形成的驱动力明显减弱，需要依靠更多更好的科技创新为经济发展注入新动力；社会发展面临人口老龄化、消除贫困、保障人民健康等多方面挑战，需要依靠更多更好的科技创新实现经济社会协调发展；生态文明发展面临着严峻的环境污染挑战，需要依靠更多更好的科技创新建设天蓝、地绿、水清的美丽中国；能源安全、粮食安全、网络安全、生态安全、生物安全、国防安全等风险压力不断增加，需要依靠更多更好的科技创新保障国家安全。国防科技工业需要加大科技产出，贡献更多科技成果为新时代中国经济社会发展服务。

新时代中国对战略科技支撑的需求比以往任何时期都更加迫切。当前，中国需要解决的战略科技问题还很多。如材料是制造业的基础，目前中国在先进高端材料研发和生产方面同世界先进水平差距较大，关键高端材料还未实现完全自主供给，必须加大推动创新发展；空间技术深刻改变了人类对宇宙的认知，为人类社会进步提供了重要动力，同时浩瀚的天空还有许多未知的奥秘有待探索，必须推动空间科学、空间技术、空间应用全面发展；还有一些新领域需要加快发展，还有"卡脖子"核心关键技术等需要攻克。国家已经确定了科技发展战略规划，加快推进创新驱动发展，围绕国家重大战略需求，实施了一批重大科技项目和工程，着力攻破关键核心技术，抢占事关长远和全局的科技战略制高点。国际科技竞争比以往任何时候都更加激烈，走科技强国之路是正确且必然的战略决策。当前，新一轮世界科技革命和产业变革正孕育兴起，将对世界经济政治格局、产业形态、人们生活方式等带来深刻影响，也必将重塑世界科技竞争格局，改变国家力量对比，科技创新成为许多国家谋求竞争优势的核心战略。习近平同志指出："如果我们不识变、不应变、不求变，就可能陷入战略被动，错失发展机遇，甚至错过整整一个时代。"我国既面临赶超跨越的难得历史机遇，也面临差距拉大的严峻挑战，唯有勇立世界科技创新潮头，才能赢得发展主动权，为人类文明进步做出更大贡献。习近平同志指出："中国要强盛、要复兴，就一定要大力发展科学技术，努力成为世界主要科学中心和创新高地。"成为创新高地是国家对于国防科技工业新时代发展的必然要求，是国防科技工业的神圣职责。国防科技工业在率先成为创新高地的同时，军工文化也应成为新时代先进文化的高地。

2. 成为新时代国家工业发展的引擎

社会主义发展进入了新时代，经济发展也进入了新时代，新时代的经济发展需要有新理论来指导，这个新理论就是以新发展理念为主要内容的习近平新时代中国特色社会主义思想。创新是引领发展的第一动力，中国过去依靠高资本积累、低劳动成本、消耗资源和牺牲环境为主的粗放型经济增长方式已难以为继，要保持经济健康持续增长，就必须转变经济发展方式，而转变经济发展方式的关键是要实现动能的转换，也就是要把过去以高资本积累推动经济增长的动力机制转换到依靠技术进步推动经济增长的动力机制上来。技术进步的来源就是创新，包括技术创新、制度创新、产业创新、文化创新和实体经济创新发展等，通过创新推动质量变革、效率变革、动力变革，提高全要素生产率。新时代的中国要迎接世界产业变革的挑战，要推进中国制造向中国智造和中国创造转变、中国速度向中国质量转变、制造大国向制造强国转变，要实现国家工业高质量发展，就必须加快实现新旧动能转换，产生出引领驱动工业经济发展和提质增效的新动能。高质量发展是建设现代化经济体系的核心内涵，是社会主义现代化的重要标识。实现高质量发展，不但要从供给侧结构性改革、产业体系建设和经济体制构建方面着力，而且要从培养和塑造高质量发展的文化基础着力，建设发展新时代中国工业文化。国防科技工业作为国家战略性产业，内含着巨大的工业体系效能和军工经济，应该成为新时代国家工业发展的引擎，肩负起新时代国家产业体系建设、发展高质量工业经济和工业文化新发展的责任。

3. 为国家新时代经济社会发展服务

十九大首次提出，中国特色社会主义进入新时代，社会主要矛盾已经转化为人民日益增长的美好生活需要和不平衡不充分的发展之间的矛盾，这是中国共产党根据中国经济社会发展做出的重大判断。"美好生活需要"提出的要求更高，而且涵盖面更宽，层次更高，包括人民对优美舒适环境的需要，人民对自己的生命财产保护的需要，人民对民主、法治、公平、正义的需要，归结起来，就是人的全面发展的需要。这表明中国共产党在国家经济社会进入新的历史发展阶段后，能够顺应人民的新期待，逐渐朝着马克思提出的人的全面自由发展的目标前进，体现了中国共产党以人民为中心的发展思想。十九大把社会主要矛盾的供给方表述为"不平衡不充分的发展"，顺应了时代的变化，表明中国发展已进入了新阶段，国防科技工业的科技产品和文化应该在为国家新时代社会发展服务中不断提升发展，为满足人民美好生活做出应有贡献。

（三）中国新时代文化发展的中坚

文以化人，文以成业，建设新时代中国特色社会主义包含着发展中国新时代文化。国防科技工业是党领导下的人民军工，应该成为践行中国新时代文化发展的中坚力量，在把握意识形态工作的正确方向，更好传承优秀传统文化，与时俱进传承发展红色文化等方面为发展中国新时代文化做出贡献。

1. 把握意识形态工作的正确方向

意识形态是指特定阶级或社会集团对特定社会经济基础和政治制度反映后所形成的思想体系，它有着建构人们精神家园、引领社会发展方向和指导现实社会建设等多重功能，对一个政党、一个国家、一个民族的生存发展至关重要。社会主义意识形态是先进和科学的意识形态。社会主义意识形态的先进性和科学性不仅在于它符合历史进步的方向,更在于它代表了最广大人民群众的利益。改革开放40多年来,中国发展取得了巨大成就,中国对世界的影响力也越来越强。在看到成就的同时,也不能忽视存在的问题和面临的风险,其中,意识形态风险尤为突出。伴随国家经济社会深刻变革和利益格局深刻调整,人们思想的独立性和差异性明显增强,如何以主流意识形态引领社会思潮、凝聚思想共识成为一项十分艰巨的任务。与此同时,随着中国特色社会主义世界影响力不断增强,国际利益格局发生相应调整和变化,"中国威胁论"甚嚣尘上,西方意识形态对中国的渗透、围堵和遏制不断增强,如何在错综复杂的思想文化斗争中维护国家意识形态安全成为一项十分繁重的政治任务,特别是在中国特色社会主义新时代发展中。面对新特点新情况,中国必须始终抓住意识形态建设与斗争的根本点和着眼点,坚持以人民为中心,不忘初心,牢记使命,在切实回答和解决"我是谁、依靠谁、为了谁"的同时,批驳西方形形色色的意识形态理论,坚持马克思主义指导思想和中国特色社会主义共同理想这个我国意识形态建设和发展的"魂"和"根",要立足人民精神需求,创新开展意识形态工作方式方法,把丰富人民的精神世界作为着力点,帮助人民树立正确的世界观、人生观和价值观,建立正确的道德观、审美观和生活观,把解决思想问题与实际问题结合起来,使人民获得感、幸福感、安全感更加充实、更有保障、更可持续,从而不断提高马克思主义意识形态的说服力、感召力、传播力和影响力,最大程度凝聚共识、增强信心。在新时代,要发扬军工光荣传统,在军工文化传承发展中搞好把握意识形态工作正确方向这一基础性工程。

2. 更好传承优秀传统文化

优秀的传统文化是一个民族的血脉和灵魂,传承优秀传统文化,是建设新时代中国特色社会主义的必然要求和满足人民不断增长的精神文化需求的迫切需要。优秀传统文化能够丰富人们的精神世界,提高综合素质,促进社会稳定,形成良好的社会风气。同时,当代社会的传统文化和政治、经济相互融合，和科技发展联系紧密，对经济社会的发展起到很大推动作用。在进入新时代中国特色社会主义历史条件下，弘扬和传承中国优秀传统文化，推进"文化中国"建设，就要发挥包括国防科技工业在内的各方力量，共同解决存在的一些问题：一是民族文化消失速度加快、对优秀传统文化认知存在偏差、传统文化没有与当代文化有机结合；二是传承手段较为单一，在优秀传统文化的传承中，社会参与度不高，政府传承方式较为单一，缺乏现代传播手段；三是传承与弘扬的方式需进一步完善，还没有形成统一的管理体制，法律法规不够健全，对于传统文化的保护性规定不够全面，制度刚性不够，保障工作不够有力，监管力度还需要进一步加强，需要构建优秀传统文化传承发展体系。中国优秀传统文化经过几千年发展，不断融合不同时期中华民族的文化，形成了兼容并包的文化体系，优秀传统文化已经成为中华民族文化之根、民族之魂。将传统文化传承好，要构建优秀传统文化传承发展体系：一要审视传统文化，取其精华，去其糟粕；二要挖掘优秀传统文化的思想价值，继承优秀传统文化的精神内核，如传统文化中的爱国主义精神、钻研精神等；三要注重挖掘传统文化中符合当前时代发展的内容，使之真正发扬光大；四要坚守住传统文化的基本元素，同时海纳百川，让中国优秀传统文化永葆生机；五要做好优秀传统文化的传承发展引导和宣传工作，传承传统文化的精神理念，进行系统性的文化教育，结合新时代的要求，赋予传统文化现代意义，使优秀传统文化始终与当代文明相互映衬、相互协调，成为新时代的新动力。按照"中华优秀传统文化是中华民族的文化根脉，其蕴含的思想观念、人文精神、道德规范，不仅是我们中国人思想和精神的内核，对解决人类问题也有重要价值。要把优秀传统文化的精神标识提炼出来、展示出来，把优秀传统文化中具有当代价值、世界意义的文化精髓提炼出来、展示出来"的要求，不断挖掘中华优秀传统文化的世界价值，提升中华文化的世界影响力。

3. 与时俱进传承红色文化

红色文化是中国文化的重要组成部分，是中国人民的精神食粮，也是人民军工文化之本。进入中国特色社会主义新时代,提升红色文化软实力,需要进一步加强红色文化价值认同,更加注重红色文化内容和形式的契合,不断为红色文化发展注入新活力。红色文化的核心内涵是革命文化,在进入中国特色社会主义新时代,红色文化传承需要更加注重革命文化的本意。革命文化有别于其他文化的根本点在于中国革命铺就的红色底色。在中国共产党领导下,中国人民经过艰苦卓绝的斗争,终于夺取政权,建立了中华人民共和国。习近平同志高度重视革命文化传承和建设,他在视察原兰州军区时强调,要发扬红色资源优势,深入进行党史军史和优良传统教育,把红色基因一代代传下去。此后,他遍访西柏坡、井冈山、沂蒙山、古田、延安、遵义等革命圣地。十九大后,习近平同志带领中共中央政治局常委,瞻仰上海中国共产党一大会址和浙江嘉兴南湖红船,回顾建党历史,重温入党誓词,其中的"革命主线"清晰可见。红色是一种象征意义,革命文化是中国共产党领导新时代民族复兴的"根"与"魂",由此我们才能深刻地理解"牢记初心"的本意。循着习近平同志遍访革命圣地的主线,革命文化的丰富内涵得到逐步展现。革命文化的内涵应包括:作为革命文化资源承载的物质和非物质文化两个方面的丰富内容;一切与革命斗争有关的旧物及遗物、旧址及遗址等革命历史遗存和纪念场所,以及与之相对应在革命岁月里形成的包括"红船精神"、井冈山精神、长征精神、延安精神、西柏坡精神等革命精神。革命文化形成于中国革命的伟大实践之中,具有鲜明的精神特质,即革命性、民族性、大众性、时代性、创新性。特别是革命文化中的创新性包括理论创新、制度创新、实践创新。革命文化之所以具有生命力,源于与当代精神追求和价值观念的契合。每当我们走进任何一个中国革命文化场景,都会感受到心灵的震撼,这是革命文化当代价值体现的一个层面。习近平同志在党的十九大报告中指出,推动中华优秀传统文化创造性转化、创新性发展,继承革命文化,发展社会主义先进文化,不忘本来、吸收外来、面向未来,更好构筑中国精神、中国价值、中国力量,为人民提供精神指引。在中国共产党领导中国人民走向伟大复兴的新时代,革命文化具有特殊的时代价值,革命文化助力对意识形态工作的领导，革命文化助力培养和践行社会主义核心价值观，革命文化助力加强思想道德建设，革命文化助力文化事业和文化产业发展。红色文化是军工文化的底色，革命文化是军工文化的核心内涵，进入中国特色社会主义新时代，军工文化需要与时俱进传承发展红色文化。

4. 塑造与高质量发展相适应的文化品格

建设新时代中国现代化经济体系，是全面建设社会主义现代化强国的重要内容。在建设新时代中国现代化经济体系进程中，需要培养和塑造新时代高质量发展文化，从根本上说，高质量发展的文化基础，属于中国特色社会主义文化建设的范围，属于社会主义现代化文化建设的范围。研究高质量发展的文化基础，要放到全面现代化的大环境中来考察，放到社会主义现代化文化的大背景下来审视。一是建设现代化经济体系、推进高质量发展与建设现代化文化一体化。从"四个现代化"到全面现代化，表明经济、政治、文化、社会、生态文明、国防和军队建设等领域，都有相应的现代化建设目标，在全面现代化的进程中，这些领域的现代化建设相互联系、相互促进。建设现代化经济体系，不能离开文化的支撑和配合，推进高质量发展离不开现代化文化的支持。没有相应的现代化文化，就建不起现代化经济体系，托不起高质量发展。二是建设现代化文化与人的全面发展一体化。人创造文化，文化也塑造人，经济的高质量发展，必须以人的高质量发展为条件，因此，新时代建设现代化文化，必须落实到人的全面发展上。人的全面发展，包括全面的关系、全面的素质、全面的能力，成为符合新时代发展的人。推动高质量发展，是一个文化演进的过程，形成与高质量发展相适应的文化品格，是高质量发展的必要条件。高质量发展从发展境界而言，是一种追求新高度、攀登新高峰、达到制高点的发展境界。高质量意味着克服思维定式、摆脱习惯引力、超越达到高度，满足现状、因循守旧、得过且过，不可能高质量。高质量发展是一个无止境的过程，不会停止在某一个水平上，这就要求在更加广阔的视野中、在动态竞争的格局中把握发展、推进发展。高质量发展是实践的过程与成果，要通过发展的进展和效果切实体现出来，要通过经济社会各个领域各个层面实际创造出来，要通过一系列指标体系真实显示出来。实现高质量发展，必须求真务实。求真就是遵循高质量发展规律，务实就是将高质量成为实践、成为现实。高质量发展要求勇于创新以改变现状，形成新的质量、新的内涵、新的标准、新的效用，这些都要通过创新实现。创新是引领发展的第一动力，是建设现代化经济体系的战略支撑，只有倡导创新文化，让创新成为国家和组织的第一需要，实现前瞻性基础研究、引领原创性成果重大突破，实现关键共性技术、前沿引领技术、现代工程技术、颠覆性技术创新，高质量发展才能获得坚实基础和上升托力。高质量发展包含着精益求精的精神境界，高质量发展需要寻找不足、瞄准弱项、发现短板，把解决不足、提升弱项、补齐短板作为高质量发展的突破口，在这一过程中实现高质量。高质量高就高在正视低端、改变低端，从低端到高端，这是对人能达到什么样的高度、做出什么样的成就、展现什么样的境界的一种证明。高质量产品是由科学家精神和工匠精神打磨出来的，质量是诚信的产物。诚信就是一种虔诚的工作态度，一种守信的职业精神，一种负责的价值理念，一种坚守的执着韧性。高质量产品需要诚信精神，高质量发展同样需要诚信精神。诚信精神是国家高质量发展的一块文化基石，高质量发展是民族精神包括诚信精神的一个证明。高质量发展是精准发展、精细发展。精准表明发展在对空间、时间、尺度、节奏的利用和把握上，达到了很高的水准；精细表明对细节的重视、雕琢成为普遍的文化现象。新时代军工文化传承发展重要标准之一应该体现在塑造与新时代高质量发展相适应的文化品格上。

新时代、新征程，国防科技工业的内涵与外延发生着深刻的变化，建设新时代中国特色先进国防科技工业体系任重道远，必然要求文化同行并远。新时代军工文化的传承发展是在建设新时代中国特色社会主义伟大进程中的传承发展，在习近平新时代中国特色社会主义思想指引下，军工人一定能够凝聚人民军工文化的自信，守正固本，学习先进，创新发展；在为建设新时代中国特色先进国防科技工业体系、实现强国梦、强军梦的奋斗中，传承发展好军工文化。

第四篇 军工文化的传承发展

在世界进入百年未有之大变局的时代，中国的国防科技工业奋进在建设新时代中国特色先进国防科技工业体系的新征程中。在这一征程中，新时代军工文化的传承发展是需要深入研究和践行的课题。

一、军工文化传承发展的方位研究

为实现新时代军工文化传承发展，需要开展军工文化传承发展的方位研究。方位研究就是研究开展新时代军工文化传承发展研究的主要研究方向与定位等，以用正确的理论指导和服务军工文化建设。

（一）军工文化传承发展的哲学研究

军工文化传承发展的哲学研究是新时代军工文化传承发展的基础研究。哲学研究可推进军工文化研究与传承发展，实现实践到理论再到实践的循环推动。

1. 文化哲学的生成

随着人类科技革命和产业变革的进行，人类征服自然的水平也获得极大提高，文化世界越来越成为人类生活的基本环境，与之相应，人与文化的关系逐渐成为人类日常生活无法回避的课题。如何使文化成为肯定人的力量，成为人类文明进步的尺度，引领社会事业发展，成为文化哲学的生成必然和发展需求。文化哲学是关于人类文化现象的哲学思考，是对人类文化的总体性把握，它所要回答的是：什么是文化、文化与自然的关系、文化与人的关系、文化与社会进步的关系、传统文化与现代文化的关系、文化的民族性与时代性等问题。让"文化"真正"哲学"起来，以达到一种文化自觉，这是文化哲学所努力的方向。

"哲学"与"文化"亲缘的最深厚的根基，在于人类自我完善和自我发展的实践要求。为此，对人与文化世界的系统研究，正是当代文化哲学的根本任务。从哲学发展的历史看，人与世界的关系表现为各种具体的关系，诸如"思维与存在的关系""主观与客观的关系"等，它们在哲学发展的一定阶段上，成为哲学主题。然而，在现代哲学的发展中，人所面对的是日益丰富多变的文化价值世界，人类实践的深化把人的现实生活实践、人类生存环境的优化、文化进步与人的全面发展等问题日益提升为哲学理解的主题。文化哲学的产生正是现实人类实践的一种哲学表达，是时代精神的一种反映。文化哲学的追求表明：一种文化要想成为自觉的文化而非随意的文化，就必须上升到哲学的高度加以反思；而一种哲学要想具有现实的力量而非虚幻的寄托，就必须进行文化的参与。文化与哲学的这种共同要求，正是文化哲学发展的方向。中国特色社会主义发展进入新时代，建设先进的国防科技工业需要军工文化的引领支撑，需要将军工文化进行哲学提升，再指导军工文化的传承发展。

面对 21 世纪人类的丰富文化实践，文化哲学应体现人类文化发展与哲学反思的双重自觉，文化哲学的理论建构应以关注现实人类生存和发展实践为自己的第一要义。人所以要反思文化，所以要面对文化现实提出问题，是因为文化在其发展中，除了对人的肯定性价值外，还包含着对人的否定性因素，而文化的二重性说到底又是根源于人是灵与肉的二重性，根源于人类自我意识的内在矛盾。在当代世界，经济、信息的全球化网络给世界呈现出了前所未有的场景，人类同处于同一个生存空间，现代文化的横向信息传播与交流，使各民族的文化越来越趋于开放性和世界性。多元文化的相互激荡、资本的全球性扩张、传统与现代文明的冲突、现实文化的差异与断裂等，使每一种文化的传承发展都不能回避这种现实而封闭自身。进入中国特色社会主义新时代的中国社会发展同样需要确立文化自觉与自信的发展观,而这是建立在哲学思维自觉的基础之上的。一个民族的主体意识自觉是一个民族现代复兴的基本标志,人作为一种主体性存在,其文化传承发展不应是一种盲目的、无目的的操作。进入新时代,国防科技工业体系的内涵与外延都发生着深刻变化,必然对已经形成的军工文化产生冲击,需要我们基于正确的哲学思维,形成文化自觉,传承发展好军工文化。

2. 文化哲学的范式

研究新时代军工文化传承发展需要从文化哲学开始,用正确的哲学思想推进军工文化传承发展。文化哲学用哲学的观点和方法研究文化原理,形成关于文化观和文化活动的理论体系,探讨文化的历史与发展、文化的动力与条件、传统在社会历史中的作用、各种文化的比较及冲突与交融等问题。文化哲学的范式是研究者群体所共同遵从的世界观和行为方式,是开展科学研究、建立科学体系、运用科学思想的坐标、参照系与基本方式,是科学体系的基本模式、基本结构与基本功能,它用来界定什么应该被研究、什么问题应该被提出、如何对问题进行质疑以及在解释所获得的答案时该遵循什么样的规则。开展新时代军工文化传承发展研究需要正确的文化哲学范式。研究范式是通过研究方法、论述方法、学术评价标准体现出来的研究内容和方法的统一。

在文化哲学看来,人之为人的基本规定,在于人是文化的存在,即能够以精神的劳作进行文化创造,并通过文化的创造进行自我创造的存在。一方面,人类能够通过精神的活动赋予对象世界以意义,使对象世界变成符号化的意义世界;另一方面,人又要融入符号化的意义世界,通过符号化的意义世界确证人自身,在现实性上,人就是文化的存在物。人通过符号化活动创造了诸如语言、历史、神话、科学、宗教、艺术和哲学等丰富的文化形式,并以文化展现和确证了人类的理想性和创造性。人创造文化,并寓于特定的文化中,人通过文化的创造进行自我创造。文化哲学是对文化做哲学研究,这意味着文化哲学的范式首先必须是哲学范式,文化哲学要求以哲学的方式面对文化问题。文化哲学虽然也以文化的经验描述和科学分析为基础,但并不是简单介绍文化现象,或者试图找到文化运行的规律性知识。文化哲学作为哲学的重要规定在于,通过对蕴含在文化符号背后的理念的不断反思和追问,揭示特定文化的可能性及其限度。人通过对文化符号的创造使世界具有了无限丰富的意义规定,人以文化的创造不断确证自身,进行自我创造。人类文化的创造性具有不可或缺的价值。因此,我们应深刻理解军工文化的创造性,开展军工文化的哲学研究,以正确的文化哲学理论指导传承发展的实践。

3. 文化哲学的研究

开展文化哲学研究需要科学的思想路径。中国改革开放已经40多年,从改革开放40多年的经验和问题来看,中国道路具有历史独创性,形成了相应的文化自觉理念。进入中国特色社会主义新时代,我们需要分析文化哲学发展面临的环境,以寻求其思想路径。研究新时代军工文化传承发展也必然需要科学的文化哲学思想路径。

一是需要理解全球化使得文化问题日益突显。中国面临着较复杂的文化环境,几大文化传统或文化体系在社会转型中激荡;由此,依附于各种文化核心价值的学术思潮、社会思潮在中国现代性诉求语境中激烈碰撞。在信息技术和世界市场导致的全球化趋势中,文化问题不断被推向历史的前台:全球化背景下,核心价值观博弈与竞争中的文化定位问题;在文化交往中,如何继承、借鉴和发展的方法论问题;中国道路的文化积淀及其世界历史性的文化意义问题;在历史必然性中,文化的自主选择问题;在人化"文化"与文化"化人"视域中,如何以人的生存发展为尺度去衡量和选择文化的问题。这必然带来当代中国文化建设的思想路径问题,包括:确立马克思主义中国化的文化主线,在历史唯物主义的创新发展中推动当代中国文化建设;在切中当代中国现实、在历史展开的必然性中确立文化建设与传承发展的中国内涵;在跨文化世界普遍交往中承认文化多样性并倡导文化间彼此尊重和包容等。

二是中国整体文化观的构建应面向现实。构建当代中国的整体文化观,首先要做的是从马克思主义哲学中寻求思想资源和基础理论。马克思主义哲学认为：人们生产自己的生活资料，同时间接地生产着自己的物质生活本身。这里的"物质生活本身"是体现在器物、制度和精神层面的文化。文化向来不是独立于人的生活世界的抽象存在，而是现实的人在其现实的生活过程中所创造的产物，是对象性活动的人类本质力量的体现。因而，文化不是外在于人类生活的，而是内在于人类历史过程的；文化不是天然形成的，而是可以加以塑造的；文化不是一经形成就不变的，而是随着历史和时代的发展而不断丰富、完善的。马克思主义哲学的方法论启示我们，建构当代中国整体文化观应面向现实，构建当代中国整体的文化观，同样也不能缺少精神的力量和哲学的沉思。在新时代，应以习近平新时代中国特色社会主义思想为指导，在建设新时代中国特色社会主义实践中，建构当代中国整体文化观，坚持共同的理想信念、价值理念、道德观念，弘扬中华优秀传统文化、革命文化、社会主义先进文化，促进全体人民在思想上、精神上紧紧团结在一起。

三是唯物史观规范了研究马克思主义文化哲学的基本方向。文化哲学研究应始终站在现实历史的基础上，从文化建构的哲学基础上思考和定位，文化哲学应该是对文化的总的看法，是一种总体性的观点。在这样的哲学高度思考，必然将问题引向对当代中国的实践结构和社会结构对人的存在所具有的文化意义的思考。中国特色社会主义新时代的中国社会发展道路和实践模式具有人类文明的历史独创性，这种独特性必然反映在当代中国的文化特性之中，历史地、辩证地把握这种深刻的历史、实践、文化的逻辑关联，是形成新时代文化中国表达的重要基础，是新时代中国发展马克思主义哲学的正确研究方向。文化传承发展问题往往伴随着社会重大转型产生选择困境，应对传统与现代的冲突常常表现为对文化传承发展的迫切思考，在文化层面可能集中出现两种针锋相对的观点，要么认为摆脱困境的唯一出路是实现彻底的文化断裂，要么反过来认为社会动荡之源恰恰是文化断层。事实证明，作为整体性的、连续性的、积淀性的、继承性的文化，不能不顾现实发展和历史积蓄的逻辑而仅仅遵从观念的设想进行"文化设计"。马克思唯物史观提供了科学方法论，根据这个方法论，我们在评判重大历史事变和社会转型的文化意义的时候，不能脱离实际的历史运动以及社会经济与政治关系的实际变化发展过程。研究军工文化哲学应坚持唯物史观，新时代军工文化需要以马克思主义文化哲学为指导实现传承发展。

四是文化哲学研究的深刻意义在于形成文化自觉。唯物史观强调文化的实践基础以及文化所凝结的社会基本特性。在全球化多元复合的价值与文化冲突中如何塑造民族的思想自我，在中国与世界的现代性场景中如何确立我们的精神向度，文化哲学应该有一个责任承担。文化哲学研究的深刻意义，正在于将民族的精神财富和文化遗产聚合成引导我们走向未来的强大动力，正在于在新时代改革开放、高质量发展所面临的一系列前所未有而必须共克时艰的理论与实践的双重探索中，形成一种文化自觉。在中国实现伟大民族复兴的历史定位上，以世界眼光确立中华民族的精神自我，决定了中国特色社会主义新时代的思想高度和文化空间。可以看到，国防科技工业在文化发展中开始了哲学研究，如对中国航天事业发展的哲学思考等，中国特色社会主义新时代更需要加强军工文化哲学的研究运用，需要结合马克思主义的文化哲学内涵，把哲学当作时代的精神的汇聚点，考察哲学所集中反映的时代的文化精神，考察它与所产生的时代文化之间的内在联系和表征关系。文化是哲学生长的"土壤"，哲学的"种子"是在文化的土壤里发芽生长的，哲学从根本上是对文化传统、价值观念和信仰的辩护。文化养育着哲学，哲学有着深刻的文化之根：一种文化会形成一种特殊的哲学。军工文化是一种特殊社会文化，是提升中国国防科技工业核心竞争力的动力和基石。进入中国特色社会主义新时代，更加需要深入认识在文化哲学指引下军工文化传承发展的必要性及价值，形成文化自觉。

（二）军工文化传承发展的自信研究

开展军工文化哲学研究的深刻意义，在于形成一种文化自觉，进而形成在实现伟大复兴历史定位上的军工文化自信，引领军工文化传承发展。因此，需要开展军工文化传承发展的自信研究，以使我们清晰军工文化自信的特质。

1. 军工文化自信的时代性

新时代文化自信是道路自信、理论自信、制度自信的根基和动力，是马克思主义文化观的时代体现，是实现中华民族伟大复兴中国梦的重要精神指引。习近平同志强调："没有高度的文化自信，没有文化的繁荣兴盛，就没有中华民族伟大复兴。"文化自信是中国人不忘初心、砥砺前行的精神支撑，是"更基本、更深沉、更持久的力量"。在中国特色社会主义新时代这一新的历史方位下，国防科技工业体系需要准确把握和坚持军工文化自信的特质，正确传承发展军工文化，支撑履行新时代使命。

一是中国化马克思主义理论是新时代军工文化自信的本色要求。一个多世纪的历史和现实反复证明，马克思主义是科学的世界观和方法论，为人类文明进步指明了前行的方向。一百多年以来，马克思主义理论与各国具体实际相结合，不断创新和发展，焕发着蓬勃和旺盛的生命力。2017年10月，习近平同志在十九大报告中向世人庄严宣告："中国特色社会主义进入了新时代。"新时代是一个承前启后、继往开来的时代，一方面，我国的经济、社会、人民生活水平、社会主要矛盾等发生了重大变化；另一方面，我国仍然处于社会主义初级阶段。新时代我国社会主义的性质没有发生根本性变化，因而"在坚持马克思主义指导地位这一根本问题上，我们必须坚定不移，任何时候任何情况下都不能有丝毫动摇"。在当代中国，坚持马克思主义，主要就是坚持中国化的马克思主义。毛泽东同志早在六届六中全会上就明确指出："没有抽象的马克思主义，只有具体的马克思主义。所谓具体的马克思主义，就是通过民族形式的马克思主义，就是把马克思主义应用到中国具体环境的具体斗争中去，而不是抽象应用它。"马克思主义中国化的过程是不断发展的过程，不是一个孤立的自我封闭的过程。马克思主义中国化是中国主动地选择马克思主义，并创造性地建构自身思想文化的过程。新时代坚定中国特色社会主义文化自信，从本质上看就是坚持中国化的马克思主义，牢牢掌握思想文化和意识形态工作领导权。唯有如此，中国特色社会主义文化才不会迷失方向、改变本色。习近平新时代中国特色社会主义思想是最新的中国化马克思主义理论成果，是指引中华民族复兴的指导思想。

二是人民军工文化是新时代军工文化自信的本质基础。军工文化伴随着人民兵工到现代国防科技工业发展而诞生成长，在凝练红色文化、吸纳传统优秀文化、借鉴外来先进文化中，构成了中国特色社会主义军工文化体系。军工文化是国防科技工业的内在组成部分，也是国防科技工业的标志性内容展现。军工文化是在国防科技工业创新发展实践中所创造的全部物质财富和精神财富的总和，是在国防科技工业创新发展实践中所形成的精神、意识、观念等价值观念和行为模式，以及与之相适应的组织制度、行为方式和物化形态，是各创新主体和相关主体文化的交集、凝聚和升华。历史已经证明了军工文化的伟大作用。新时代军工文化传承发展是在历史形成的人民军工文化的基础上的传承发展。

三是中国特色社会主义文化是新时代军工文化自信的支撑根基。进入中国特色社会主义新时代，文化自信必须要有中华民族的文化标识和特有印记，而这种文化标识和特有印记源自中国特色社会主义文化。具体表现为三个方面：一是数千年连绵不断的中华优秀传统文化，是中国特色社会主义文化发展创新之源。习近平同志把中华优秀传统文化比作"根"和"精神命脉"，他在同北京大学师生座谈时深刻指出，"我们是中华儿女，要了解中华民族历史，秉承中华文化基因，有民族自豪感和文化自信心"。二是党领导人民群众在革命斗争中形成的革命文化。习近平同志指出，"井冈山精神和苏区精神是我们党的宝贵精神财富，要永远铭记、世代传承"，并以此教育引导广大党员、干部在思想上正本清源、固根守魂，始终保持共产党人政治本色。三是社会主义先进文化。社会主义先进文化体现了当代中国的社会性质和政治理念，是增强全党全国各族人民精神力量的重要源泉。文化自信是中华民族数千年屹立世界民族之林的重要原因，为中华民族伟大复兴提供了强劲动力。进入新时代，把中国特色社会主义文化作为坚定文化自信的强大支撑，需要坚持以马克思主义为指导。正如习近平同志在纪念马克思诞辰200周年大会上强调指出的："我们要立足中国，面向现代化、面向世界、面向未来，巩固马克思主义在意识形态领域的指导地位，发展社会主义先进文化，加强社会主义精神文明建设，把社会主义核心价值观融入社会发展各方面，推动中华优秀传统文化创造性转化、创新性发展，不断提高人民思想觉悟、道德水平、文明素养，不断铸就中华文化新辉煌。"文化是一个生生不息的运动变化过程，任何一个民族的文化，都有它的昨天、今天和明天。中华优秀传统文化也不例外，它是先辈们传承下来的宝贵精神财富，融百家于一炉，是世代中华儿女智慧的历史结晶，作为历史的产物，中华优秀传统文化绝不是仅供陈列的摆设，也不是僵死的化石，相反它是宝贵的精神财富，可以绽放出自己的光彩，浸润人们的心田。从中华民族自身发展和人类文明走向来看，中华优秀传统文化自觉流淌于中华儿女的血液里，始终是中华民族生生不息、变革图强的精神根基，是中华民族实现从站起来、富起来到强起来历史性飞跃的重要武器，是构建"人类命运共同体"的文化支撑。习近平同志指出："中国有坚定的道路自信、理论自信、制度自信，其本质是建立在5 000多年文明传承基础上的文化自信。"新时代坚定文化自信，其根基就在于传承中华优秀传统文化，促进其创造性转化和创新性发展，不断铸就中华文化新辉煌，这就要求我们，一是不忘本来，即处理文化继承与创新的关系，继承中有创新，创新中有继承；二是吸收外来，即推动中外文化交流互鉴，必须以开放包容精神加强对外文化交流与合作、吸收借鉴世界其他民族的文化，必须促进中华传统文化"走出去"，增强中华优秀传统文化的世界影响力，创造"文明交流、文明互鉴、文明共存"的新型文明观；三是面向未来，中华优秀传统文化的传承创新，离不开新的时代精神的滋养，民族性与时代性相结合，是促进中华优秀传统文化传承和创新发展的不竭动力。新时代军工文化传承发展需要把不断传承发展中的中华优秀传统文化自信作为新时代军工文化自信的根基。

四是社会主义核心价值观是新时代军工文化自信的价值灵魂。社会主义核心价值观，是建立在唯物史观基础之上，立足于中华优秀传统文化，反映社会发展内在要求及广大人民根本利益的，具有实践特色、理论特色、民族特色、时代特色和处于主导、支配地位的价值观念，是决定文化性质和方向的最深层次要素,是当代中国精神的集中体现。在中国特色社会主义新时代大背景下,民族文化与外来文化、传统文化与现代文化、先进文化与落后文化、主流文化与亚文化、高雅文化与通俗文化、城市文化与农村文化、精英文化与大众文化等各种文化形式、文化门类、文化样态相碰撞、相互动、相融合,而多彩纷呈。但是繁华景象的背后,一些缺乏文化责任、历史认知、社会担当或者别有用心的文化形态,通过新生的经济业态、多元的生活方式以及便利的信息手段纷至沓来。在多元文化和多元价值观较量的新态势下,坚持社会主义核心价值观的引领作用,坚定社会主义核心价值观自信,才能从容应对各种文化、价值观念和社会思潮的较量,积极回应西方价值干预和价值渗透,掌握政治思想文化领域的主动权、主导权和话语权。在中国特色社会主义新时代历史方位下,面对国家军民融合、对外开放和混合所有制经济深度发展的新势态,中国特色先进国防科技工业体系建设必须将思想统一到社会主义核心价值观践行上,社会主义核心价值观自信是新时代军工文化自信的灵魂所在。

五是满足人民美好生活需要是新时代军工文化自信的实践指向。十九大做出"中国特色社会主义进入新时代,我国社会主要矛盾已经转化为人民日益增长的美好生活需要和不平衡不充分的发展之间的矛盾"的重要政治论断,提出"满足人民过上美好生活的新期待,必须提供丰富的精神食粮"。伴随人民群众物质生活水平不断提高,精神食粮享受成为人们对未来美好生活的重要追求,由此,坚持文化自信、增强文化供给、丰富精神食粮,成为新时代的崭新课题。十九大报告提出"推动文化事业和文化产业发展","深化文化体制改革,完善文化管理体制,加快构建把社会效益放在首位、社会效益和经济效益相统一的体制机制"。在这方面,文化产品、文化产业、文化服务等都可以找到着力点。对文化产品而言,应秉持工匠精神,凸显中国风格、民族特色、现代气质,把不同类型的文化产品打造成为富有中国特色、满足群众多元生活需要的文化精品;对文化产业而言,应大力推进文化创新,不断以创意引导供给,做强文化产品优质内容,改造升级传统文化产业结构,激活现代文化产业发展内生动力和发展活力,推动新的文化业态持续创新、融合、发展,推动文化产业发展提质增效;对文化服务而言,要进一步创新公共文化服务体系运行机制,遵循精神文明建设规律,适应经济社会发展的新要求,完善公共文化服务与科技融合发展新机制,积极探索公共文化服务专业化和社会化运营新模式。军工文化传承发展的根本实践指向是保卫人民美好生活和为满足人民美好生活服务,军工文化传承发展将不断挖掘发挥军工文化特色,为推动国家文化事业和文化产业发展、丰富人民精神食粮做出新贡献。

2. 坚定军工文化自信的几个关系

我们在中国特色社会主义新时代坚持践行军工文化自信,需要深入具体研究处理好科学与价值、主导与多样、本土与外来、传承与发展等的关系,从而为提升中国文化软实力,建设中国特色先进国防科技工业体系和中国特色社会主义文化强国,提供强有力的引领和支撑。

处理好科学与价值的关系。科学性是指人们按世界的本来面目去认识世界和改造世界,追求和服从真理,其过程要求人们充分发挥认知理性,运用科学的方法揭示客观事物的内在规律,获得科学性的认知。价值性是指人们按照自己的内在尺度去认识世界和改造世界,使世界适合人的生存和发展的需要。科学是衡量一种文化是否先进的根本标尺,价值是衡量一种文化是否生命实在的基本标尺。社会主义先进文化的科学与价值之间存在内在关联:一方面,两者是有区别的,科学回答的是文化内容的真假问题,价值回答的是文化的导向与评价问题;另一方面,科学与价值又是有机统一的,不可分离,科学是价值的基础,价值内含于人类的科学认知活动中,人类的认知活动不可避免地包含了价值的评判。因此,在推进中国特色社会主义新时代文化建设过程中,一定要把科学原则和价值原则统一起来。社会主义先进文化之所以能永葆活力,是因为中国共产党领导的文化建设一直坚持高举马克思主义这面旗帜,始终坚持以马克思主义为指导,为中华文化注入先进的思想内涵,使中国人民获得了科学的思想武器和实践价值丰收,军工文化的产生发展生动诠释了这一点。在中国特色社会主义新时代,文化传承发展只有坚持用习近平新时代中国特色社会主义思想引领文化建设，不断巩固马克思主义在意识形态领域的指导地位，巩固全党全国人民团结奋斗的共同思想基础，在实践中坚持社会主义先进文化的价值导向，既反对空洞的理论堆积，又有效引领各种社会思潮，在实现伟大民族复兴的实践中，不断促进人的自由全面发展。

处理好主导与多样的关系。纵观人类社会发展，任何国家的文化都是多元一体、多样共生的，主流文化构成一个社会思想文化的中枢和支柱，它是引导人们行动的风向标，是支撑社会的稳定器。推进新时代中国特色社会主义文化建设必须强化主导、壮大主流，主流文化就是以马克思主义为指导的社会主义先进文化。马克思主义是构成社会主义先进文化的鲜明底色，马克思主义的科学性和价值性是支撑文化自信的强大基础。当代马克思主义中国化的最新成果就是习近平新时代中国特色社会主义思想。需要特别认清的是：不能搞主流文化多样性，否则整个文化体系就会陷于混乱状态。随着不同国家之间的频繁交流和互动，各种文化群体之间的相互影响不可避免，因而，越来越多的个人或群体的价值观念呈现出多样性的趋势，各群体和社会借以表现其文化的多种不同形式，文化多样性成为人类社会的基本特征之一。尤其是在经济全球化背景下，西方的文化扩张、文化入侵更加隐蔽，意图削弱我们民族和国家主流文化的凝聚力和影响力。因此，在任何时候、任何情况下，我们都要始终坚持马克思主义的指导地位，毫不含糊，毫不动摇。但在坚持主流文化主导性的同时要承认、尊重文化的多样性。对于文化的主导与多样之间的关系，我们应该辩证地认识，主流文化对于多样性的文化具有引领、整合功能，而多样性的文化对于主流文化则具有促进、补充和完善作用。一方面，多样文化平等地自由地展开争鸣交锋，才能激发创造精神，拓展文化视野，繁荣和兴盛主流文化。另一方面，只有坚持以马克思主义为指导，才能保证社会主义文化建设始终沿着正确的政治方向前进，避免思想文化上的混乱。总之，处理好主导与多样的关系，也就是要处理好"一"与"多"的关系，要坚持以"一"导"多"，以"一"带"多"，并最终在多元中立主导、在多样中谋共识，从而不断巩固和壮大社会主义主流文化。新时代的中国国防科技工业体系在开放和融合中发展，其内涵与外延都在发生着深刻的变化，军工文化传承发展必须坚持处理好主导与多样的关系。

处理好本土与外来的关系。文化的本土与外来的关系，也就是文化的民族性与世界性之间的关系。文化的本土特质是文化活力之源，源远流长、博大精深的中华文化，积淀着中华民族最深层的精神追求，代表着中华民族独特的精神标识，不仅为中华民族生生不息、发展壮大提供了丰厚滋养，也为人类文明进步做出了独特贡献。要推进文化建设，坚定文化自信，就需要保持文化的民族化、本土化特质，文化越是民族的越有生命力。但本土化不是民族保守主义、排外主义或夜郎自大，更不是谋求民族文化霸权，而是兼容并包世界各民族文化之长，以自己民族的形式加以改造，使中国的社会主义先进文化始终具有中华民族的特色，有中国精神、中国风格。当代中国文化自信最核心的是基于对马克思主义的坚定信仰，最本原的是基于对中华优秀传统文化的自觉认同，最根本的是基于对社会主义先进文化的积极追求。中华优秀传统文化深刻地呈现出中华民族的优质基因，凸显着民族特性。社会主义先进文化不是封闭的而是开放的，开放不仅意味着向历史开放，向实践开放，也包括向其他国家开放。中国特色社会主义文化和价值观念吸收了人类文明的积极成果，反映了不同文明所承载的共同价值，因此，以积极的态度对待一切外来优秀文化成果，是推动中华文化繁荣兴盛的必然要求。一方面，坚定对中华民族优秀传统文化的信心，对其进行创造性转化和创新性发展，使其焕发出更强大的生命力；另一方面，对世界优秀文明成果进行吸收借鉴，人类文明因交流而多彩，因互鉴而丰富，文化自信本质上是应该兼收并蓄的。正如习近平同志所指出的，不同文明凝聚着不同民族的智慧和贡献，没有高低之别，更无优劣之分。文明之间要对话，不要排斥；要交流，不要取代。中国的军工文化蕴意着丰富的内涵，包含着学习与吸纳，是国家的宝贵精神和物质财富。中国特色社会主义新时代要求军工文化传承发展，需要正确处理好本土与外来的关系。

处理好传承与发展的关系。在哲学的意义上，传承是肯定，是继承；发展则包含批判、包容、转化和创新。批判是一种否定，没有否定，就不可能有旧事物向新事物的转化。但马克思主义哲学语境的批判不是一般意义的批判，而是一种辩证的批判，即在否定中有肯定，在批判中有包容，在变革中有继承。否定如果不包含着肯定，事物就失去了进一步发展的可能，新事物只有吸取、保留和改造旧事物中的积极因素，才能获得自己生存发展的基础。因此，文化建设的批判，要摈弃形而上学的思维方式，摈弃虚无主义的历史观，坚持否定与肯定、批判性与包容性、继承性与创新性的辩证统一。面对今天世界的信息全球化浪潮，面对各国文化交流、交锋和交融的态势，对于进入中国特色社会主义新时代的中国要处理好传承与发展的关系，就要坚持以习近平新时代中国特色社会主义思想为指导，批判与包容，积极吸收和借鉴外来优秀文化成果的有益成分，着力推进中华优秀传统文化的创造性转化和创新性发展，传承发展中国社会主义优秀文化，这也是新时代坚定文化自信，推进社会主义文化建设的基本遵循。军工文化从精神、行为到物质构成了丰富的内涵，是国家的宝贵精神和物质财富。在中国特色社会主义新时代，需要我们深入学习、研究和把握军工文化的内涵要义，与时俱进，在习近平新时代中国特色社会主义思想指引下，坚定中国特色社会主义"四个自信"，正确处理好传承与发展的关系，让军工文化在建设新时代中国特色先进国防科技工业体系、实现强国梦和强军梦中同创前行。

3. 新时代军工文化创新的内涵

在坚定文化自信的基础上，军工文化传承发展还需要正确认识文化创新的作用、源泉和途径。

正确认识文化创新的作用。文化在交流的过程中传播，在继承的基础上发展，都包含着文化创新的意义。文化发展是在守正固本基础上，与时俱进，创造性转化和创新性发展。创新是一个民族的灵魂，是一个国家兴旺发达的不竭动力。文化发展的实质，就在于文化创新。文化创新是社会实践发展的必然要求，是文化自身发展的内在动力。文化创新可以推动社会实践的发展，文化源于社会实践，又引导、制约着社会实践的发展。推动社会实践的发展，促进人的全面发展，是文化创新的根本目的，也是检验文化创新的标准所在。文化创新能够促进民族文化的繁荣，只有在实践中不断创新，传统文化才能焕发生机、历久弥新，民族文化才能充满活力、日益丰富。文化创新是一个民族永葆生命力和富有凝聚力的重要保证，文化创新可以推动社会实践的不断发展。中国进入中国特色社会主义新时代，需要通过文化创新发展以凝聚全中国力量，同心同德，共同奋斗，这包含着军工文化创新必然是凝聚全中国力量，建设中国特色先进国防科技工业体系的重要保证。

正确认识文化创新的源泉。社会实践是文化创新的源泉，文化创新重在实践，实践作为人们改造客观世界的活动，是一种有目的、有意识的社会性活动。人类在改造自然和社会的实践中，创造出自己特有的文化。因此，文化自身的继承与发展，是一个新陈代谢、不断创新的过程。一方面，社会实践不断出现新情况，提出新问题，需要文化不断创新，以适应新情况，回答新问题；另一方面，社会实践的发展，为文化创新提供了更为丰富的资源，准备了更加充足的条件。所以，社会实践是文化创新的动力和基础。中国进入中国特色社会主义新时代，这是一个全面创新的时代，是一个社会实践探索的时代，是一个为中国特色社会主义文化发展提供新源泉的时代。在这一新时代，建设中国特色先进国防科技工业体系的创新实践发展必然为军工文化创新发展提供动力基础和实践舞台。

正确认识文化创新的途径。社会实践是文化创新的根本途径。"守正固本、与时俱进""取其精华、去其糟粕""推陈出新、革故鼎新"，是文化创新必然要经历的过程。在中国特色社会主义新时代的文化创新中，一方面不能离开文化传统而空谈文化创新。对于一个民族和国家来说，如果漠视对传统文化的正确继承，其民族文化的创新就会失去根基，而使得文化发展错位。另一方面要体现时代精神。这是文化创新的重要追求，文化创新表现在为传统文化注入时代精神而与时代同进发展的努力中。文化多样性是世界的基本特征,也是文化创新的重要基础。不同文化之间的交流、借鉴与融合,是文化创新必然要经历的过程。在这一过程中,必须坚持正确的方向与方略,以各优秀文化为营养,充分吸收优秀文化的有益成果,同时要以我为主、为我所用。国防科技工业是国家的战略性产业,是国家科技发展的高地,前行在新时代军工文化传承发展中,创新是必有途径,必须在习近平新时代中国特色社会主义思想指引下,在理论探求与具体实践中坚持正确的方略,切实把"着眼于世界科技文化发展"与"发扬中华民族优秀文化"有机地结合起来,并以此作为实现军工文化创新发展的基本方略。军工文化创新要把握好当代文化与传统文化、民族文化与外来文化的关系,克服"守旧主义""封闭主义"和推崇外来文化,反对"民族虚无主义"和"历史虚无主义",立足于新时代中国特色先进国防科技工业体系建设的伟大实践,在历史与现实、东方与西方的文化交汇点上,遵循正确方向,采取正确方略,沿着正确途径,从文化内容到文化形式进行系统传承和创新发展。

(三) 军工文化传承发展的践行研究

新时代国防科技工业坚定文化自信的目的在于坚持以习近平新时代中国特色社会主义思想为指导,立足当代中国发展现实,结合当今时代条件,深入军工文化传承发展的践行研究,理论自觉、文化自信,努力践行,推动新时代中国特色先进国防科技工业体系建设,共筑新时代中国特色社会主义文化繁荣兴盛。

1. 军工文化传承发展的模式研究

在中国的历史发展中,中国传统文化、马克思主义、近现代西方文化、中国革命红色文化和中国特色社会主义建设中的精神财富与优良传统构成了中国特色社会主义的基本文化基因。进入中国特色社会主义新时代,随着中华民族的伟大复兴进程,需要不断激活有利于实现新时代发展的文化基因,抑制不利于实现新时代发展的文化基因,熔铸中华文化模式。在这一模式中,我们的文化传承发展既不能照搬西方等外国模式,也不能完全照搬过去的模式,我们应该在坚定文化自信基础上,研究践行新时代中国特色社会主义的文化传承发展模式。模式是主体行为的一般方式，是理论和实践之间的中介环节，具有一般性、重复性、结构性、稳定性、标准性、可操作性和发展性等特征。模式是一个整体，一个组分变化会引起其他组分的变化。模式在实际运用中必须结合具体情况，实现一般性和特殊性的耦合，并根据实际情况的变化随时调整要素与结构，才具有可操作性和发展性。模式是事物结构的主观理性形式，模式的形成路径有自下而上和自上而下，即有的是在以前的实践中积累经验形成的，有的是在面对新现象时形成以指导实践的。模式是否与实际现象的本质相合，必须在实践—认识—实践过程中逐渐检验和修改完善，以便逐渐得到正确的认识。模式研究是思想体系和思维方式的运用。模式研究，应在习近平新时代中国特色社会主义思想指引下，在已有模式基础上，适应新形势，把握新特点，运用新技术，形成统一的社会价值标准基础，这种模式应与当代中华文化传承发展是一致的、是符合军工文化传承发展特点的，是在实践基础上不断完善的，是从策略、规划到保障措施等整体性推进军工文化新时代传承发展的方式方法。

2. 军工文化传承发展的策略研究

在研究确定中国特色社会主义新时代军工文化传承发展基本模式的基础上，需要进行实现中国特色社会主义新时代军工文化传承发展的策略研究。军工文化传承发展以推进新时代中国特色先进国防科技工业体系建设为目标。为了实现这一目标，各过程都需要进行整体性谋略，进行路径、方案和行动方式方法的设计与选择，从而开展系统整体行动。在确定了基本模式基础上，策略制定是一个明确对象、明晰路径和制定方案的过程，需要预先分析可能出现的问题，制定若干对应的方案，并根据形势变化调整方案，最终确定并实施。文化的主体是人，传承发展的载体也是人，文化传承发展关键靠人。文化根源在社会生活，是人们思想观念、风俗习惯、生活方式等的集中体现。在中国特色社会主义新时代的国家战略指引下，国防科技工业体系结构和组分发生着新的深刻变化。在这样的新形势下，军工文化传承发展需要以人为中心开展谋略研究，制定行之有效的策略，并落到实处，实现传统军工文化创造性传承、创新性发展。军工文化传承发展的"人"是个整体性概念，我们不用过多去考虑界面，而是希望更多具体的人，在为建设新时代中国特色先进国防科技工业体系、实现强国梦和强军梦做出贡献中，实现思想文化的提升。

策略要落实到具体行动方案设计中。在实施方案的设计与选择中，需要以军工文化传承发展路径研究为基础，在明晰路径基础上，进一步设计行动方案。确定军工文化传承发展主要路径，需要把握以下几点：第一，以党建引领思想政治建设，推进军工文化传承发展。坚持中国共产党对军工文化传承发展的领导。第二，从战略高度推进军工文化传承发展。以战略引领军工文化新时代传承发展各项工作，使军工文化传承发展行之快、行之稳、行之远。第三，从人本推进军工文化传承发展。以人为本，凝心聚力，增强新时代军工文化传承发展的使命感、归属感和责任感，国家利益至上，同创共享。第四，推进军工文化传承发展的创新，营造新时代军工文化传承发展的创新环境，增强凝聚力和竞争力。第五，推进军工文化传承发展的开放。在坚持文化自信中，努力构建中国特色社会主义新时代军工文化开放发展新局面。第六，推进军工文化传承发展的法治化、制度化、规范化和常态化，实现治理体系和治理能力现代化，实现中国特色社会主义新时代军工文化持续传承发展。制定具体实施方案应与制定发展规划结合起来。军工文化传承发展实施方案应与国防科技工业发展规划同制定、同实施、同检验，实现国防科技工业物质建设和文化建设同步发展。

3. 军工文化传承发展的保障研究

军工文化是根，军工文化是魂，军工文化是力，军工文化是效。为搞好中国特色社会主义新时代的军工文化传承发展，需要建立保障体系，以使得军工文化传承发展发挥出时代效能。军工文化传承发展保障是指用保护、保证等手段措施与起保护作用的事物所构成的军工文化可持续传承发展的支撑体系。军工文化传承发展保障对于中国特色社会主义新时代军工文化建设起到导向、凝聚、激励、稳定和控制的作用。其目的在于为中国特色社会主义新时代军工文化建设提供先进的思想指导、有力的组织依托、健全的制度保障、雄厚的物质基础、强大的人才后盾和广泛的社会支持，从而实现军工文化传承发展。其研究可以从主体体系和社会体系展开。主体体系是对于军工文化传承发展建设具体的、专业的保障，包括思想保障、组织保障、制度保障、物质保障、教育保障和人才保障等关键要素。社会体系是对于军工文化传承发展建设泛在的、有影响的保障，包括社会文化建设、信息网络和社会舆论等要素。构建军工文化传承发展保障体系要遵循方向原则、求是原则、层次原则、激励原则和示范原则，从组织领导、发展规划、扶持力度和治理能力等方面入手，并且要充分发挥和利用内外机制，使军工文化传承发展的保障体系在中国特色社会主义新时代的军工文化传承发展中有效运行，切实发挥出体系效能。

二、军工文化传承发展的建设研究

在习近平新时代中国特色社会主义思想指引下，在进行军工文化哲学研究、特质研究和践行研究的基础上，实现新时代军工文化传承发展，需要进一步研究明确行动指导思想、工作目标、具体任务，实施保障，以系统推进军工文化体系建设。

（一）明确指导思想、目标和任务

搞好中国特色社会主义新时代军工文化体系建设，实现新时代军工文化传承发展，需要明确指导思想、行动目标和实施任务。

1. 明确指导思想

指导思想是指导事物发展实施的基本思路与观念，是整个谋划的灵魂，是方向和路径的明示，具有一元性、稳定性、纲领性等基本特征。中国特色社会主义新时代军工文化传承发展的指导思想是新时代军工文化建设的行动指南，是指导全部活动的理论体系。十九大报告提出："发展中国特色社会主义文化，就是以马克思主义为指导，坚守中华文化立场，立足当代中国现实，结合当今时代条件，发展面向现代化、面向世界、面向未来的，民族的科学的大众的社会主义文化，推动社会主义精神文明和物质文明协调发展。"十九届四中全会提出："发展社会主义先进文化、广泛凝聚人民精神力量，是国家治理体系和治理能力现代化的深厚支撑。必须坚定文化自信，牢牢把握社会主义先进文化前进方向，激发全民族文化创造活力，更好构筑中国精神、中国价值、中国力量。要坚持马克思主义在意识形态领域指导地位的根本制度，坚持以社会主义核心价值观引领文化建设制度，健全人民文化权益保障制度，完善坚持正确导向的舆论引导工作机制，建立健全把社会效益放在首位、社会效益和经济效益相统一的文化创作生产体制机制。"这些为新时代中国特色社会主义军工文化建设提供了基本思路与根本指向。新时代中国特色社会主义军工文化传承发展建设的指导思想需要：坚持以马克思主义、毛泽东思想、邓小平理论、"三个代表"重要思想、科学发展观和习近平新时代中国特色社会主义思想为根本遵循，以习近平新时代中国特色社会主义文化理论、国防军队建设理论和文化建设部署要求为军工文化建设工作"总布局"，坚持"以人为本"，弘扬伟大民族精神和军工精神，积极探索新时代军工文化建设的规律，构建符合新时代需要、符合现代体制机制需要、符合现代军工个性化需要的军工文化体系，为新时代中国特色先进国防科技工业体系发展创造良好的文化氛围，为实现强军梦和强国梦贡献力量源泉。

2. 明确建设目标

十八大以来，以习近平同志为核心的党中央在推进社会主义文化发展方面，明确了新时代文化发展的目标，形成了一套具有全局和长远指导意义的大智慧、大战略和大思路，构成了习近平新时代中国特色社会主义思想体系的一项重要内容。十九大对于坚定文化自信、推动社会主义文化繁荣兴盛进行了系统部署，要求：坚持中国特色社会主义文化发展道路，激发全民族文化创新创造活力，建设社会主义文化强国；发展中国特色社会主义文化，就是以马克思主义为指导，坚守中华文化立场，立足当代中国现实，结合当今时代条件，发展面向现代化、面向世界、面向未来的，民族的科学的大众的社会主义文化，推动社会主义精神文明和物质文明协调发展；要坚持为人民服务、为社会主义服务，坚持百花齐放、百家争鸣，坚持创造性转化、创新性发展，不断铸就中华文化新辉煌；意识形态决定文化前进方向和发展道路，必须推进马克思主义中国化、时代化、大众化，建设具有强大凝聚力和引领力的社会主义意识形态，使全体人民在理想信念、价值理念、道德观念上紧紧团结在一起；要加强理论武装，推动新时代中国特色社会主义思想深入人心；要以培养担当民族复兴大任的时代新人为着眼点，强化教育引导、实践养成、制度保障，发挥社会主义核心价值观对国民教育、精神文明创建、精神文化产品创作生产传播的引领作用，把社会主义核心价值观融入社会发展各方面，转化为人们的情感认同和行为习惯；要坚持全民行动、干部带头，从家庭做起，从娃娃抓起；要深入挖掘中华优秀传统文化蕴含的思想观念、人文精神、道德规范，结合时代要求继承创新，让中华文化展现出永久魅力和时代风采；要提高人民思想觉悟、道德水准、文明素养，提高全社会文明程度；要广泛开展理想信念教育，深化中国特色社会主义和中国梦的宣传教育，弘扬民族精神和时代精神，加强爱国主义、集体主义、社会主义教育，引导人们树立正确的历史观、民族观、国家观、文化观；必须坚持以人民为中心的创作导向，在深入生活、扎根人民中进行无愧于时代的文艺创造；要深化文化体制改革，完善文化管理体制，加快构建把社会效益放在首位、社会效益和经济效益相统一的体制机制；坚持正确舆论导向，高度重视传播手段建设和创新，提高新闻舆论传播力、引导力、影响力、公信力；加强互联网内容建设，建立网络综合治理体系，营造清朗的网络空间。系统部署的目标就是坚持中国特色社会主义文化发展道路，激发全民族文化创新创造活力，建设社会主义文化强国，建立人民对习近平新时代中国特色社会主义思想的充分自信，凝魂聚力，创造新辉煌，实现强国梦。这些同样是新时代军工文化建设发展的总体要求，在实施中，要具体落实到军工文化传承发展的各项目标任务工作中，在建设新时代中国特色先进国防科技工业体系中，建设新时代中国特色先进国防科技工业文化体系，实现军工文化在新时代的传承发展。纵观历史，中国共产党从成立之日起，既是中国先进文化的积极引领者和践行者,又是中华优秀传统文化的忠实传承者和弘扬者;进入文化发展的新时代,中国共产党人和中国人民应该而且一定能够担负起新的文化使命,在实践创造中进行文化创造,在历史进步中实现文化进步,在这一征程中,军工人也必将担负起实现军工文化传承发展的新使命。

3. 明确建设任务

十八大以来,以习近平同志为核心的党中央在推进社会主义文化发展方面,确立了指导思想,明确了目标,形成了具有全局和长远指导意义的战略,制定了以"六个一"为主体内容的文化基本建设任务:高举中国特色社会主义伟大旗帜,以培育和践行社会主义核心价值观为价值引领,弘扬中华民族优秀传统文化这个文化发展的根基,把加强社会主义意识形态建设作为文化建设的战略任务,坚持走中国特色社会主义文化发展道路,把建设社会主义文化强国作为文化建设的奋斗目标。建设新时代中国特色先进国防科技工业文化体系必须发扬军工文化光荣传统,按照确定的指导思想和建设目标,结合新时代国防科技工业发展实际,以新时代中国特色社会主义文化基本建设任务为军工文化传承发展的基本建设任务,制定具体实施方案,为之而奋进。

坚持高举中国特色社会主义伟大旗帜。"在前进道路上,我们一定要坚定不移高举中国特色社会主义伟大旗帜,坚持和拓展中国特色社会主义道路,坚持和丰富中国特色社会主义理论体系,坚持和完善中国特色社会主义制度。""新形势下,我们要坚持和运用好毛泽东思想活的灵魂,把我们党建设好,把中国特色社会主义伟大事业继续推向前进。""马克思主义是我们立党立国的根本指导思想。背离或放弃马克思主义,我们党就会失去灵魂、迷失方向。在坚持马克思主义指导地位这一根本问题上,我们必须坚定不移,任何时候任何情况下都不能有丝毫动摇。"新时代我们传承发展军工文化,就是要高举马克思主义中国化最新成果——习近平新时代中国特色社会主义思想的伟大旗帜,坚定不移发展新时代中国特色社会主义文化。

坚持以培育和践行社会主义核心价值观为价值引领。核心价值观承载着一个民族、一个国家的精神追求,是最持久、最深层的力量。"核心价值观是文化软实力的灵魂、文化软实力建设的重点。这是决定文化性质和方向的最深层次要素。一个国家的文化软实力,从根本上说,取决于其核心价值观的生命力、凝聚力、感召力。""要切实把社会主义核心价值观贯穿于社会生活方方面面。要通过教育引导、舆论宣传、文化熏陶、实践养成、制度保障等,使社会主义核心价值观内化为人们的精神追求,外化为人们的自觉行动。"在新时代国防科技工业体系的内涵与外延的深刻变化中,我们传承发展军工文化就是要培育和践行社会主义核心价值观,形成共同的价值引领,就是要使广大军工人特别是青年,从现在做起,从自己做起,勤学、修德、明辨、笃实,使社会主义核心价值观成为自己的基本遵循,并身体力行大力将其推广到全社会去,努力在实现中国梦的伟大实践中创造自己的精彩人生。

坚持弘扬中华民族优秀传统文化。"要加强对中华优秀传统文化的挖掘和阐发,努力实现中华传统美德的创造性转化、创新性发展,把跨越时空、超越国度、富有永恒魅力、具有当代价值的文化精神弘扬起来,把继承优秀传统文化又弘扬时代精神、立足本国又面向世界的当代中国文化创新成果传播出去。只要中华民族一代接着一代追求美好崇高的道德境界,我们的民族就永远充满希望。""培育和弘扬社会主义核心价值观必须立足中华优秀传统文化。牢固的核心价值观,都有其固有的根本。抛弃传统、丢掉根本,就等于割断了自己的精神命脉。博大精深的中华优秀传统文化是我们在世界文化激荡中站稳脚跟的根基。""只有坚持从历史走向未来,从延续民族文化血脉中开拓前进,我们才能做好今天的事业。"在新时代国防科技工业体系的内涵与外延深刻变化中,我们传承发展军工文化不能忘了初心,不能断了根基,需要坚持弘扬中华民族优秀传统文化和军工文化传统,固本守正,守住共同的精神命脉。

坚持把加强社会主义意识形态建设作为文化建设的战略任务。"经济建设是党的中心工作,意识形态工作是党的一项极端重要的工作。""做好党的新闻舆论工作,事关旗帜和道路,事关贯彻落实党的理论和路线方针政策,事关顺利推进党和国家各项事业,事关全党全国各族人民凝聚力和向心力,事关党和国家前途命运。""要建设网络良好生态,发挥网络引导舆论、反映民意的作用。实现'两个一百年'奋斗目标,需要全社会方方面面同心干,需要全国各族人民心往一处想、劲往一处使。"在新时代国防科技工业体系的内涵与外延深刻变化中,我们传承发展军工文化必须坚持在中国共产党领导下,加强社会主义意识形态建设,弘扬军工精神文化,引领新时代军工人树立正确信仰,坚定理想信念,心往一处想、劲往一处使。

坚持走中国特色社会主义文化发展道路。"要坚持走中国特色社会主义文化发展道路,深化文化体制改革,深入开展社会主义核心价值体系学习教育,广泛开展理想信念教育,大力弘扬民族精神和时代精神,推动文化事业全面繁荣、文化产业快速发展。""人民有信仰,民族有希望,国家有力量。实现中华民族伟大复兴的中国梦,物质财富要极大丰富,精神财富也要极大丰富。我们要继续锲而不舍、一以贯之抓好社会主义精神文明建设,为全国各族人民不断前进提供坚强的思想保证、强大的精神力量、丰润的道德滋养。"在中国特色社会主义新时代,我们传承发展军工文化必须坚持走中国特色社会主义文化发展道路,在与祖国文化发展同进中,实现军工文化全面繁荣发展。

坚持把建设社会主义文化强国作为文化建设的奋斗目标。"一个国家、一个民族的强盛,总是以文化兴盛为支撑的,中华民族伟大复兴需要以中华文化发展繁荣为条件。"在建设中国特色社会主义强国中,必然要把建设社会主义文化强国作为文化建设的奋斗目标。"要紧紧围绕建设社会主义核心价值体系、建设社会主义文化强国,完善文化管理体制和文化生产经营机制,建立健全现代公共文化服务体系、现代文化市场体系来做好工作,以此推动社会主义文化大发展大繁荣。""文化自信,是更基础、更广泛、更深厚的自信。在5 000多年文明发展中孕育的中华优秀传统文化,在党和人民伟大斗争中孕育的革命文化和社会主义先进文化,积淀着中华民族最深层的精神追求,代表着中华民族独特的精神标识。"在新时代,我们传承发展军工文化要符合建设社会主义文化强国奋斗目标,把国家文化发展目标作为军工文化建设的实践指引,在为建设先进国防科技工业服务中,为建设社会主义文化强国这个目标努力奋斗;在为实现强军梦和强国梦提供文化支撑中,成为建设社会主义文化强国的坚定力量。

中国特色社会主义新时代文化基本建设任务是一个相互联系、内在统一的有机整体。中国特色社会主义伟大旗帜和社会主义核心价值观是灵魂,中华民族优秀传统文化是它的深厚根基,加强社会主义意识形态建设是其战略重点,坚持中国特色社会主义文化发展道路是其内在保证,建设社会主义文化强国是其发展目标。灵魂—根基—重点—保证—目标,共同构成了习近平新时代中国特色社会主义文化建设思想的"总布局",成为新时代军工文化传承发展的建设任务基础。新时代军工文化传承发展必然要以习近平新时代中国特色社会主义文化建设思想为指引,把军工文化建设融入中国特色社会主义新时代文化基本建设任务实现中:坚持高举马克思主义、毛泽东思想和中国特色社会主义伟大旗帜,坚定理想信念,筑牢人民军工魂;深入贯彻和践行社会主义核心价值观,将其确立为军工文化的引领理念;弘扬和继承中华民族优秀传统文化,国家至上,同创共享,互相尊重,开放包容,实现中华传统文化在国防科技工业的创造性转化、创新性发展;全面实施国防科技工业文化建设,建立符合新时代要求的国防科技工业创新意识形态和文化体系;坚持守正固本,开放交流,吸纳先进,走好新时代中国特色先进国防科技工业文化发展之路;发扬传统,改革创新,不懈奋斗,建设新时代中国特色先进国防科技工业文化体系,为实现强军梦和强国梦提供文化支撑。

(二)全面推进军工文化体系建设

文化体系是指相互联系的文化各要素相互连接而构成的一个有特定功能的有机整体系统。其具有四种属性:一是文化各要素之间在功能上相互作用,并形成结构模式;二是文化体系中诸要素之间互相依存,共同作用;三是文化体系与其环境之间存在着界线;四是一种自律的、模式化的系统,在该系统中,人们的社会行为符合该特定的文化习惯模式。新时代军工文化体系需要把握文化体系的有机整体性,从军工文化的不同构成层次研究开展国防科技工业文化建设发展,以精神文化、行为文化和物质文化的体系结构,按照明确的指导思想、目标任务,制定工作方案和保障措施,全面推进新时代军工文化体系建设。

1. 军工精神文化建设

军工精神文化建设是军工精神文化的传承发展过程与结果。军工精神文化是军工文化的核心,是国防科技工业发展过程中,受社会文化背景、意识形态熏陶而形成的精神成果和文化观念。在我们回顾国防科技工业波澜壮阔的发展历程中,我们深刻感受和体会到已经形成的军工精神文化内涵,如热爱祖国、军工报国,自力更生、艰苦奋斗,求真务实、勇攀高峰,协同创新,甘于奉献,锐意进取,为国争光,等等。进入中国特色社会主义新时代,在建设中国特色先进国防科技工业体系、建设社会主义军工强国的征程中,军工精神需要继续发扬光大,并在新的奋斗实践中凝练发展新时代军工精神。新时代军工精神文化建设必须以习近平新时代中国特色社会主义思想为指导。十九大报告强调:"发挥社会主义核心价值观对国民教育、精神文明创建、精神文化产品创作生产传播的引领作用,把社会主义核心价值观融入社会发展各方面,转化为人们的情感认同和行为习惯。""爱国主义是培育和践行核心价值观的立足点,理想信念是培育和践行核心价值观的灵魂,思想道德是培育和践行核心价值观的着力点。要广泛开展理想信念教育,深化中国特色社会主义和中国梦宣传教育,弘扬民族精神和时代精神,加强爱国主义、集体主义、社会主义教育,引导人们树立正确的历史观、民族观、国家观、文化观。必须深入实施公民道德建设工程,推进社会公德、职业道德、家庭美德、个人品德建设,激励人们向上向善、孝老爱亲,忠于祖国、忠于人民。"要传承弘扬人民军工光荣传统,坚持辩证唯物主义世界观、为人民服务的人生观和国家利益高于一切的价值观,建设、传播和丰富以社会主义核心价值观和军工精神为统领的军工价值理念、军工精神、军工职业道德和军工文明风貌等军工精神文化财富。同时,要与时俱进,弘扬改革开放精神,创新发展,在实现新时代国防科技工业体系发展中，实现各类创新主体在意识形态、价值观念、发展理念、发展目的、利益追求和社会责任的共同取向，在人本观、安全观、质量观、廉洁观、诚信观、创新观、客户观、开放观等方面取得一致认同，形成新时代军工文化，增强新时代国防科技工业体系的吸引力、公信力、凝聚力和战斗力。

"北斗三号"全球卫星导航系统正式开通，表征了北斗全球卫星导航系统成功建成，同时所孕育的"自主创新、开放融合、万众一心、追求卓越"的新时代北斗精神是军工精神文化传承发展的新时代成果。

2. 军工行为文化建设

国防科技工业在发展过程中形成了独具特色的军工行为文化，它包含具有国防科技工业行为特色的组织体系、管理制度、道德规范、行为准则和习惯等。在我们回顾国防科技工业波澜壮阔的发展历程中，我们可以看到和深刻感受体会到已经形成的军工行为文化内涵，如深入细致的思想政治工作，系统科学的组织体系，行之有效的管理制度，正确价值取向的道德规范和行为准则，优良的工作作风与习惯等。军工行为文化建设是军工行为文化的传承发展过程与结果。进入中国特色社会主义新时代，军工文化建设要以习近平新时代中国特色社会主义思想为遵循，与军工精神文化同向共进，在传承军工优秀行为文化的基础上，创新发展先进行为文化。新时代军工行为文化建设要以"五大发展理念"为指导，以国家任务统一行动和同创共享为准则，加强制度建设，把精神文化以军工制度建设和军工人具体行为落实到生产经营及学习娱乐活动中，实现军工治理体系和治理能力现代化。建设先进国防科技工业体系实质上是一种管理制度和行为模式的创新。制度文化是行为文化得以贯彻的保证，是军工文化建设的制度保障。制度规范行为，行为实现制度，要在实现军民融合国家战略中，传承、创新、发展军工组织体制、管理制度、规范标准、责任制度，推广先进军工视觉识别系统、行为识别系统和良好环境系统，使其适用共性要求和行为的规范实现。

3. 军工物质文化建设

物质文化一方面要受精神文化和行为文化的制约，另一方面又是人们感受文化存在的外在形式。人们了解认识中国国防科技工业创新发展是从军工物质文化开始的，追求卓越的军工产品是军工文化最为直观的显示和体验。军工物质文化不仅包括产品，还包括从事国防科技工业创新实践活动的环境、条件、生产工具等各种器物和标识，它们是国防科技工业的承载。军工物质文化是军工人赖以从事国防科技工业实践活动的物质基础和实践活动的丰富成果，是军工人劳动和智慧的结晶，其中，这些军工人的杰出代表树立了国之栋梁的军工人形象。追求卓越的能力水平，正是坚持以人为本，培育军工先进质量文化、安全文化、保密文化，树立零缺陷的理念和严慎细实的作风，为军工产品研制生产管理提供了良好的环境氛围和强大动力。进入中国特色社会主义新时代，面对科技革命、产业变革和军事革命的迅猛发展，国防科技工业更需要高质量发展，为军队提供优良的武器装备，为国家建设一流军队和科技工业社会发展提供支撑，为国家培养高素质建设人才。在军工物质文化层面，需要实施以人为本和打造卓越品质为目标的军工物质文化建设，坚持做到军工产品质量第一、追求卓越，军工设施器物配置体系先进、效能优化，军工人形象成为国之栋梁、时代先锋。

（三）推进军工文化传承发展保障体系建设

建设新时代中国特色先进国防科技工业文化体系，实现新时代军工文化传承发展是一项社会性工程，具有开放性，需要创造良好的军工文化传承发展保障体系。

1. 军工文化传承发展主体保障体系建设

进入新时代，需要我们从我国的发展现状出发，在习近平新时代中国特色社会主义思想指引下，对军工文化建设保障体系进行系统的研究，从分析军工文化整体与主体各个要素入手，分析军工文化传承发展保障体系的目的和作用，探讨军工文化传承发展保障体系构建的原则、步骤和运行机制，提出军工文化传承发展主体保障体系的关键要素。军工文化传承发展主体保障体系的关键要素包括思想保障、组织保障、制度保障、物质保障、教育与人才保障和服务保障等。通过关键保障要素的实现，以实现坚持军工文化传统，优化军工发展环境，实现新时代发展目标，形成新时代军工文化传承发展的良性循环机制。军工文化传承发展的思想保障是行动的前提，是行动之魂，要用社会主义核心价值观凝魂聚力，更好在军工文化传承发展中构筑中国精神、中国价值、中国力量，为中国特色社会主义提供源源不断的精神动力和道德滋养。爱国主义是培育和践行核心价值观的立足点，理想信念是培育和践行核心价值观的灵魂，思想道德是培育和践行核心价值观的着力点。思想保障就是要广泛开展理想信念教育，深化中国特色社会主义和中国梦、强军梦宣传教育，弘扬军工传统、民族精神和时代精神，加强爱国主义、集体主义、社会主义教育，引导人们树立正确的历史观、民族观、国家观、文化观，推进社会公德、职业道德、家庭美德、个人品德建设，激励人们热爱军工、投身军工，忠于祖国、忠于人民。军工文化传承发展的组织保障和法治制度保障是行动手段，是指通过建立和完善军工文化传承发展的组织体系、组织制度、法规章程、管理制度、责任制度、民主制度等，使新时代军工文化规范化、制度化、科学化实施传承发展建设方案，保证军工文化传承发展的进程形成和成果巩固。军工文化传承发展的物质保障是条件基础，要通过改善军工文化传承发展的物质基础和工作条件，统筹军工文化资源，完善军工文化设施，搞好军工文化保障体系中的"硬件"，其中，包括信息技术体系结构建构。信息技术体系结构是一个为达成战略目标而采用和发展信息技术的综合结构，包括管理和技术的成分。其管理成分包括使命、职能与信息需求、系统配置和信息流程；技术成分包括用于实现管理体系结构的信息技术标准、规则等。推进文化信息化工作，要强化统筹协调，构建好信息技术体系结构。军工文化传承发展的教育与人才保障是后盾，要通过社会各方共同努力不断提高军工人的素质，启发政治觉悟，坚定理想信念，开发工作潜能，使之能够成为传承发展新时代军工文化的主力军。军工文化传承发展的服务保障是日常工作，通过社会专业服务实现服务范围、服务项目、制度建设、保障水平、服务质量，以及技术和管理等方面的规范和统一，推进军工文化公共服务体系建设，服务军工文化传承发展，融入国家新时代文化发展，共同建设新时代中国特色社会主义文化。

2. 创造军工文化传承发展良好舆论环境

现代社会，随着信息技术发展和人们活动空间的不断扩大，社会舆论对于社会文化发展的影响更加深重。舆论是大众社会里一种普遍存在的社会心理现象，作为一种出现在没有组织或组织松散、人数众多的群体中的大众心理，它无论对个体或是对一般的小群体都会产生一定的影响。社会舆论是社会意识形态的特殊表现形式，是相当数量的公民对某一问题的共同倾向性看法或意见，往往反映一定阶级、阶层、社会集团的利益、愿望和要求。其精神内核是群体意识，其现象外观是议论形态。社会舆论往往以拥护或反对、赞扬或谴责的方式对某一公共问题做公开的评价，实质上是对社会存在的反映，是众人对普遍关注的社会事件或社会问题公开表达的一致意见，或者说是信息沟通后的一种共鸣，从中反映了公众的知识水平、道德水平、价值取向、需要和期望。社会舆论的产生包括自上而下的舆论和自下而上的舆论。前者是政府部门通过大众传播媒介的大力宣传而形成的；后者是非官方、无组织、自下而上自发形成的。社会舆论按其性质来说是群体的判断，即群体用赞同或指责、忠告、批评等方式，来表达该群体对舆论对象的评价与态度。舆论对象是大家共同关心的有争议问题。社会舆论是社会对个体行为和社会组织的活动施加精神影响的手段，是道德关系和人际关系的一种表现，对群体有着影响、调节、教育与管理的职能。从某种意义上说，个体的社会态度、抱负水平与自我监督能力，会在社会舆论影响下形成与发展起来，以社会公认的道德标准和原则为基础的社会舆论影响个人意向，对个人社会行为起调节作用。社会中大多数人自愿遵守的社会生活规范如态度、行为、习惯、传统等，是通过社会舆论来维护的，没有这种赞扬某些行为，批评和谴责另一些行为的社会舆论，社会规范就不能维持，社会秩序就会发生混乱，优良传统文化传承也会发生混乱。

要传承发展好军工文化需要高度重视和创造社会舆论环境。要创造良好社会舆论环境，需要对于社会舆论深入认识。从结构看，社会舆论包括认识成分、情感成分和意志成分。认识成分包括事实陈述、价值评价、思维观点和信仰信念，称为见解；情感成分包括肯定或否定的价值取向、喜怒哀乐的情绪选择，称为偏好；意志成分包括动机、意图、愿望要求，称为意向。这三种成分相互影响、相互作用。社会舆论首先是在了解舆论对象的知识基础上，即信息水平上形成的，社会舆论的正确性与客观性取决于其科学的、知识的成分，科学的、知识的成分越多，则发展水平越高；反之，如果社会舆论中情绪成分占主导地位，则容易"感情用事"，产生不适当的舆论导向。社会舆论的情感、意志方面的成分主要是以其批判性、严肃性以及人们对其的态度来衡量的。评价一种社会舆论的水平，其标准主要看它对社会生活的积极性、一致性、广泛性和权威性水平。一般来说，社会舆论是社会上大多数人赞同，并从心理上产生共鸣的意见，这种意见经过长期的辩论、讨论，因而具有为人所采纳、赞同和支持的合理性成分。群体往往会自觉地采取比较一致的行为趋向，这种趋向由于历史的延续和经过舆论倡导，因而被公认为行为的规范。它提供大量的信息，给人提出社会规范，影响个体的社会化过程，并大大加强了对个体的约束力，因此，我们必须重视社会舆论的影响或作用，明辨积极和消极之分。就积极方面而言，社会舆论对个人、群体具有制约、调控等控制作用，具有指导个人或群体的言论与行为的作用，具有增强团结、纠正不正当意见等协调作用，具有产生沟通感情、产生归属感和力量感等作用。在实现社会治理体系和能力现代化中，随着社会经济发展水平提高和政治民主化的进一步扩大，社会舆论的积极影响需要充分发挥，也必将越来越大。就消极方面而言，不健康或错误的社会舆论具有负面的控制、指导和协调作用，一旦形成扩大事态，会造成严重的后果，需要予以足够的重视。随着传播工具现代化，社会舆论的影响和作用越来越大。一定的社会环境和社会形态，需要一定的舆论环境和舆论形态相适应，中国特色社会主义进入新时代，传承发展优秀文化更需要社会舆论环境保障，为此，需要采用法律、行政、教育、宣传等多种方法对社会舆论进行引导和控制。"牢牢把握舆论导向，正确引导社会舆论"，强调要"坚持党管媒体的原则，增强引导舆论的本领，掌握舆论工作的主动权"。因此，要把社会舆论建设作为新时代军工文化传承发展的重要保障内容，构建适应新时代社会发展需要的舆论战略和工作体系。

3. 军工文化传承发展保障体系网络建设

人类已进入信息技术迅猛发展的社会，信息化已成为人类社会发展的必然趋势，信息技术与人类生产生活交汇融合，突破了经济社会的传统边界，对社会发展、国家治理及文化传承发展带来了重大机遇，也带来了严峻挑战。开展社会文化建设和社会舆论引导需要理论引导、方式创新，特别是需要信息技术的充分运用。广义而言，信息技术是指能充分利用与扩展人类信息器官功能的各种方法、工具与技能的总和；狭义而言，信息技术是指利用计算机、网络、广播电视等各种硬件设备及软件工具与科学方法，对文、图、声像各种信息进行获取、加工、存储、传输与使用的技术之和。信息技术已经融入人们的工作生活的方方面面。信息技术的广泛使用，不仅深刻影响着经济结构与经济效率，而且作为先进生产力的代表，对社会文化和精神文明产生着深刻的影响。信息技术已引起传统教育方式发生着深刻变化，计算机仿真技术、多媒体技术、虚拟现实技术和远程教育技术以及信息载体的多样性等不断创新发展信息技术，使学习者可以克服时空障碍，更加主动地安排自己的学习时间和速度。在互联网这个通达全球的知识传播通道中，信息传递的快捷性和交互性，实现了不同学习者、传授者之间的互相对话、交流和影响，互联网拥有的可以不断拓展数量与内含的图书馆、文献库和信息源，成为人们可以随时进入并从中获取最新动态的信息库。信息网络为各种思想文化的传播提供了更加便捷的渠道，大量的信息通过网络渗入社会各个角落。多媒体融合成为当今文化传播的重要手段，电子出版以光盘、磁盘和网络出版等多种形式，打破了以往信息媒体纸介质一统天下的局面。多媒体技术的应用和交互式界面的采用为文化、艺术、科技的普及开辟了广阔前景。网络等新型信息介质为文化的继承、传播、交流、交融提供了崭新的可能性，改变了人与人之间的交往方式，改变了人们的工作方式和生活方式。将信息技术应用到文化工作中，既是信息化时代发展的客观要求，也是文化建设工作改革创新的必然要求。新时代的中国军工文化传承发展需要深入学习贯彻习近平信息化建设与网络强国战略思想，提高对做好新时代军工文化建设信息化工作的认识，提高推进信息化工作的思想自觉和行动自觉，主动站在信息化工作的前沿，勇敢承担起军工文化建设信息化的责任，融入社会信息网络中，将军工文化的传统优势与新的信息技术手段有机融合起来，筑牢线上和线下两大文化信息阵地，良性互动，通过"互联网+军工文化""智慧军工文化"等方面技术开发和知识教育培训，深化信息技术在军工文化工作中的应用。做好这些需要牢牢把握现代信息技术的发展趋势，优化思维、优化方式、优化机制，树立"一盘棋"的意识，推动与社会各方文化网络平台信息资源互联互通，共同推进和不断提高军工文化工作信息化、智慧化水平，扩大文化信息化的覆盖面和影响力。

在推进军工文化信息化工作中，建构信息技术体系结构是基础保障工作，需要强化统筹协调，加强顶层设计，根据网络强国、数字中国、大数据建设总体要求和军工文化建设实际，研究制定新时代军工文化信息化的总体规划，明确军工文化建设信息化的指导思想、目标任务、原则要求、方法举措和保障措施，构建统一部署、统一指挥、上下联动、运行高效的工作格局。要注重分类推进，充分考虑不同情况，提出不同的目标要求，采取不同的政策措施。要在统一标准的基础上，适时将各地、各部门单位的军工文化信息平台、社会文化平台有效连接起来，构建基于大数据应用、全国联通的智慧军工文化平台。要正确处理网络文化建设与实体文化建设的关系，推进线上线下良性互动。在推进文化信息化的过程中，要注意防止用网络取代实体、用线上的"键对键"取代线下的"面对面"的思维方式和做法。用线上活动促进线下管理，实现线上线下统筹推进、良性互动。及时运用新技术，立足于高质量、可持续发展，推进军工文化建设信息化工作。军工文化信息化建设具有很强的专业性，必须打造一支既懂信息技术、又懂文化建设的专业化、复合型人才队伍，要拓宽人才汇集渠道，把各方面优秀人才集聚起来、优势发挥出来；要加强基层军工文化工作者业务培训和实践锻炼，努力培养熟悉文化业务、精通互联网技术，既有较高政治素质，又善于运用互联网工具的智慧军工文化工作者队伍；要尊重知识、尊重人才，为互联网军工文化建设人才发挥聪明才智创造良好工作条件。军工文化传承发展保障网络体系的建立不应仅仅是军工内部的行为，而应成为广泛的社会行动。军工文化传承发展保障体系网络建设要融入国家建设网络强国和文化强国的行动中，共同前行。

三、军工文化传承发展的实施研究

军工文化传承发展的实施是一项系统工程，在新时代整体推进中，需要我们把握住军工文化传承发展的科学性、时代性和接续性，结合实际，注重研究，把握培养新时代军工人的正确方法，实施好新时代军工文化教育，着重培养好新时代的军工人，共聚军工文化传承发展力量，勇于担当、创新实践，实现新时代军工文化传承发展。

（一）把握培养新时代军工人的正确方法

把握培养新时代军工人的正确方法就是学习贯彻习近平新时代中国特色社会主义思想。在 2018 年全国教育大会上，习近平同志用六个"下功夫"，明确了培养担当民族复兴大任时代新人的方法，这就是培养新时代军工人的正确方法。

1. 在坚定理想信念上下功夫

习近平同志强调，理想指引人生方向，信念决定事业成败。在坚定理想信念上下功夫，就是要教育引导新时代军工人树立共产主义远大理想和中国特色社会主义共同理想，增强军工人的中国特色社会主义道路自信、理论自信、制度自信、文化自信，立志肩负起民族复兴的时代重任。在我国革命、建设、改革的伟大历史进程中，理想之光、信念之火激励着一代代有志青年听党召唤、跟党奋斗。今天，中国特色社会主义进入新时代，我们前所未有地靠近世界舞台中心，前所未有地接近实现中华民族伟大复兴的目标，前所未有地具有实现这个目标的能力和信心。与此同时，改革开放进入深水区，各方面风险和压力不断加大。面对历史机遇与挑战，新时代军工文化教育工作要着力引导军工人特别是青年军工人不断坚定理想信念，牢记我们从哪来、跟谁走、往哪去，更好地学习和运用马克思主义立场、观点、方法观察分析问题，学会在纷繁复杂的现象中抓住本质，善于从国家历史、现实成就、国际比较中发现变化、总结规律，树立和不断增强政治意识、大局意识、核心意识、看齐意识，坚定中国特色社会主义道路自信、理论自信、制度自信、文化自信，自觉在思想上、政治上、行动上同党中央保持高度一致，做到不被表象所惑、不为干扰所动、不为风险所惧，让献身军工的理想抵得住风浪、经得起考验，切实做到忠诚祖国、为国尽责。

2. 在厚植爱国主义情怀上下功夫

爱国主义是军工人优秀传统和精神动力。进入新时代，要继续在厚植爱国主义情怀上下功夫，就是要让爱国主义精神在新时代军工人心中牢牢扎根，教育引导他们树立正确的历史观、民族观、国家观，把爱国与爱党、爱社会主义结合起来，始终做到爱国的深厚情感、理性认识和实际行动一致，热爱和拥护中国共产党，与祖国同呼吸，立志听党话、跟党走，立志扎根人民、奉献国家。习近平同志指出，爱国主义精神深深植根于中华民族心中，是中华民族的精神基因，维系着华夏大地上各个民族的团结统一，激励着一代又一代中华儿女为祖国发展繁荣而不懈奋斗。中华民族虽饱经沧桑却屹立不倒的历史事实就是明证。在当今世界深刻复杂变化、民族复兴进入关键时期的背景下，更需要高扬爱国主义旗帜，以爱国主义精神凝聚民心、增强信心。新时代军工文化教育工作要着力讲深、讲透、讲活、讲好军工爱国故事，在情真意切、引人入胜上下功夫，在提高内容质量、教育实效上花力气，引导新时代军工人树立和坚持正确的历史观、民族观、国家观、文化观，旗帜鲜明反对和驳斥诋毁英雄的谣言、矮化革命精神的观点和虚无主义言论，不断增强军工人的爱国意识和爱国情感，从心底强化国家认同、民族认同、文化认同，培养言行一致的爱党、爱国、奉献军工事业的军工人。

3. 在加强品德修养上下功夫

习近平同志指出，"一个人只有明大德、守公德、严私德，其才方能用得其所"。在加强品德修养上下功夫，就是要教育引导新时代军工人培育和践行社会主义核心价值观，踏踏实实修好品德，成为有大爱大德大情怀的人。对美好品德的追求，汇聚着人心的温度，凝聚着社会的先进文化，贯穿了文明发展的历史长河，贯穿在国防科技工业发展的历程中。现代社会，多元社会思潮交流交融交锋，喧嚣浮躁的多元价值理念冲击着人们的精神家园，影响着社会主义核心价值观的形成。没有品德修养上的辨别力和自制力，就会对国家失去情怀和责任心，对他人缺少关怀、协作和包容。新时代军工文化教育工作必须加强军工人特别是青年军工人的品德修养，要教育引导军工人加强道德修养、注重道德实践，明大德，守公德，严私德，做到德才兼备，努力成为品行端正、素质优良的时代新人，使他们心中有信仰，眼里有远方，脚下有力量，成为祖国和人民需要的栋梁之材，追求更有高度、更有境界、更有品位、更有贡献的人生。

4. 在增长知识见识上下功夫

过硬的知识见识是成才成业的根基。新时代是迎接科技革命、产业变革和军事革命的时代，需要军工人特别是年青军工人在增长知识见识上下功夫，努力成为功夫过硬的军工人。习近平同志指出，"广大青年要如饥似渴、孜孜不倦学习，既多读有字之书，也多读无字之书，注重学习人生经验和社会知识"。在增长知识见识上下功夫，就是教育引导新时代军工人特别是年青军工人珍惜学习时光，心无旁骛求知问学，增长见识，丰富学识，提高思维能力，沿着求真理、悟道理、明事理的方向前进，把基石打深、打牢。当今时代，科技革命与产业变革迅猛发展给人类社会以前所未有的剧烈冲击，学科与学科之间、科学与技术之间、自然科学与人文社会科学之间日益呈现交叉融合趋势，谁掌握了科学技术、谁拥有了创新人才，谁就赢得了未来。新时代军工文化教育工作要引导广大军工人积极应对挑战，努力充实本领和技能，用科学文化知识武装自己，拿出"初生牛犊不怕虎"的锐气，抓紧一切学习知识、锤炼本领的机会，如饥似渴学、时时处处学、持之以恒学，根据科技革命、产业变革、军事革命和新时代的新要求不断优化知识结构，使时代新知与创新活力内化为成才成业的核心竞争力，转化在建设先进国防科技工业体系的贡献中。

5. 在培养奋斗精神上下功夫

习近平同志指出,"奋斗是青春最亮丽的底色"。新时代是奋斗者的时代,奋斗精神是青年军工人成才成业的应有风貌。在培养奋斗精神上下功夫,就是教育引导新时代军工人树立高远志向,历练敢于担当、不懈奋斗的精神,具有勇于奋斗、乐观向上的人生态度,做到自强不息、刚健有为。幸福都是奋斗出来的,奋斗本身就是一种幸福。习近平同志在不同场合多次提到奋斗精神,鼓励广大青年"立鸿鹄志,做奋斗者",并提出"为实现中华民族伟大复兴的中国梦而奋斗,是我们人生难得的际遇。每个青年都应该珍惜这个伟大时代,做新时代的奋斗者"。奋斗不仅仅是一种实现目标、达成目的的手段,更是一种生活方式、一种实现自我的人生选择。新时代青年军工人要培养锲而不舍、自强不息的奋斗精神,不贪图安逸,不惧怕困难,勇敢接过历史接力棒,以永不懈怠的精神状态和一往无前的奋斗姿态,自觉肩负起光荣的历史使命。要将个人命运与国家和民族的命运紧密相连,把奋斗精神融入学习、融入日常、融入实践活动中,在为实现强军梦的辛勤劳动和不懈奋斗中锤炼坚强的意志品格,培养奋勇争先的进取精神,历练不怕失败的心理素质,以乐观主义的人生态度面对一切困难和挫折,以时不我待、只争朝夕的精神完成好担负的使命任务,在波澜壮阔的时代大潮中书写自己奋斗的人生。

6. 在增强综合素质上下功夫

良好的综合素质是军工人成才成业的时代要求,成才成业的基础是综合素质的体现。进入中国特色社会主义新时代,更需要军工人综合素质的提升。综合素质包括忠诚、诚信、敬业、创新、合作、竞争、勤奋、执行力、学习、精细、自我实现、荣誉、适应力等。在增强综合素质上下功夫,就是注重教育引导军工人善于学习、乐于学习、勤于学习,培养综合能力,培养创新思维,培养文明素养。在一定时期内,一个人的综合素质是相对稳定的,但人的素质不是天生的,而是在后天实践中获得和培养的,是可以通过教育来改变和提高的。新时代军工文化教育工作应教育引导军工人培养综合能力,适应国家国防科技工业建设需求和新时代发展需要；培养勇于创新的意识，解放思想，敢于求真；开发军工人的创造潜能，树立创新思维，建构军工人善于创新的能力，勤于思考，乐于探索；树立身心健康的理念，锻炼强健体魄、感受集体力量、锤炼意志品质、健全人格，保持身心健康；培养引导军工人树立正确的审美观，以文化人，提高审美和人文素养；弘扬劳动精神、工匠精神，把劳动教育贯穿人才培养全过程；培养正确的劳动意识和奋斗意识，踏踏实实干好本职工作，为新时代中国特色先进国防科技工业体系发展添砖加瓦。

（二）实施军工文化教育

实施新时代军工文化教育，要按照正确的方法系统开展，其中最为重要的是进行马克思主义教育，旗帜鲜明反对虚无主义。

1. 马克思主义教育

习近平同志指出，"广大青年要勇敢肩负起时代赋予的重任，把理想信念建立在对科学理论的理性认同上，建立在对历史规律的正确认识上，建立在对基本国情的准确把握上"。培养新时代军工人，首先要加强马克思主义理论教育，这是传承发展军工文化的思想基础。马克思主义是一个开放的理论体系，随着实践的发展而不断拓展和深化，进入新时代，马克思主义理论教育的内容要体现理论性、时代性和科学性。实施军工文化教育，要把战略思维和系统思维应用到马克思主义教育的顶层设计上，通过一系列制度设计和具体实践充分体现马克思主义教育在意识形态建设中的核心地位，确立其在政治思想教育中的灵魂地位。马克思主义理论学科是一门从整体上研究马克思主义基本原理和科学体系的学科，其建设成效，关乎马克思主义理论的指导地位，关乎中国特色哲学社会科学的构建。在新时代，我们应把握马克思主义理论学科建设的现实着力点，不断推动其发展繁荣，按照理论体系开展马克思主义理论教育，使其建立在科学认识上。习近平同志在哲学社会科学工作座谈会上指出："只有以我国实际为研究起点，提出具有主体性、原创性的理论观点，构建具有自身特质的学科体系、学术体系、话语体系，我国哲学社会科学才能形成自己的特色和优势。"马克思主义理论教育要体现理论性、时代性和科学性：一是要推进马克思主义中国化的最新成果——习近平新时代中国特色社会主义思想进教材、进课堂、进基层、进大众、进头脑，不断完善内容，及时跟进、反映、彰显、深化马克思主义中国化最新成果，体现马克思主义与时俱进的品格，更好地适应时代发展要求；二是要保持马克思主义基本原理、毛泽东思想、邓小平理论、"三个代表"重要思想和科学发展观、习近平新时代中国特色社会主义思想、中国近现代史、思想道德修养与法律基础、形势与政策、人民军工发展史等教育内容的系统、耦合与连贯，从不同的角度教育帮助军工人掌握中国特色社会主义理论的科学体系和基本观点，指导新时代军工人运用马克思主义世界观和方法论去认识问题、分析问题、解决问题，帮助新时代军工人了解历史和人民是怎样选择了马克思主义、选择了中国共产党、选择了社会主义道路。

习近平同志指出，坚持问题导向是马克思主义的鲜明特点。系统推进马克思主义教育要直面问题，把握整体性、持续性和透彻性。坚持马克思主义教育，要落到研究我国发展面临的理论和实践问题上来，落到提出解决问题的正确思路和有效办法上来，要做好经典马克思主义与中国化马克思主义的贯通性研究与教育，对马克思主义从经典到当代的发展进行一以贯之的整体性阐明。马克思主义中国化最新理论成果即习近平新时代中国特色社会主义思想，要深入研究习近平新时代中国特色社会主义思想对经典马克思主义的原则性继承的同时，更突出地研究习近平新时代中国特色社会主义思想的原创性贡献并应用到实际问题解决中去，提出解决问题的正确思路和有效办法。把握持续性要从立德树人，培养综合素质全面发展的社会主义建设者和接班人的高度出发，结合新时代军工发展需要，在不断完善人才培养方案设计的基础上，持续开展马克思主义教育。一是要在关注现实问题与其他学科发展的基础上深化马克思主义理论研究与教育；二是要做好马克思主义教育方法的研究和实践工作，要处理好教育整体性与分众性关系，要考虑到教育对象的不同情况、不同专业背景、原有的思想政治理论素养基础、个人学习理论的兴趣状况等影响要素，以更好运用教学方法和手段，提高教育的整体视野，针对性和有效性；三是要处理好方法多样性与理论透彻性关系，积极创新运用各种教学方法，融入能够吸引教育对象的各种教学手段，采取专职和外聘等方式建设开放式教育队伍，让教育活动鲜活生动起来。把握马克思主义教育的整体性、持续性和透彻性，在吸纳中国特色社会主义伟大事业的实践成果、马克思主义中国化的理论成果、哲学社会科学发展的学术成果过程中，吸纳中国军工文化研究成果，不断使马克思主义教育深入人心，使军工人树立正确的世界观、人生观、价值观，形成正确的思想方法和工作方法，投身于新时代中国特色先进国防科技工业建设中去。

2. 反对虚无主义

中国进入建设中国特色社会主义新时代，面对复杂的发展环境，在实现"两个一百年"、实现中华民族伟大复兴的征程中，需要军工人旗帜鲜明地反对虚无主义，树立正确的历史观。虚无主义包括历史虚无主义、民族虚无主义等的表现。

历史虚无主义是指通过各种方式重新解读历史，通过否定马克思主义的指导地位和中国走向社会主义的历史必然性，从而否定中国共产党执政合法性的一种社会思潮。研读历史，需要坚持唯物主义的观点，一切从客观历史事实出发，将单个的历史事件放入社会的历史长河中去研读和理解，而历史虚无主义强调个体性叙事，通过对个案的展示，用个体历史的细节研究来演绎整体历史，通过否定历史主体，颠覆唯物史观。历史虚无主义是历史唯心主义。应该看到，这些年来，历史虚无主义思潮时隐时现，一些人以"反思历史"为名，歪曲"解放思想"的真意，从纠正"文化大革命"的"左"的错误，走到"纠正"社会主义，认为我国不该过早地搞社会主义，而应该让资本主义充分地发展；从纠正毛泽东同志晚年的错误，走到全盘否定毛泽东同志的历史地位和毛泽东思想；从诋毁新中国的伟大成就发展到否定中国革命的历史必然性；从丑化、妖魔化中国共产党领导的革命和建设的历史，发展到贬损和否定近代中国一切进步的、革命的运动；从刻意渲染少数中国人的不文明行为，发展到否定五千年中华文明，等等。历史虚无主义思潮在别有用心人的操纵下，时而泛起，危害至深，对此应有足够的认识。

历史虚无主义必然导致民族虚无主义和文化虚无主义，一些人不但歪曲近现代中国历史，而且对我们伟大的以爱国主义为核心的民族精神，源远流长的灿烂文化也恣意抹杀。在他们看来，我们的民族不仅"愚昧""丑陋"，而且充满"奴性"、安于现状、逃避现实等，一个民族的精神被矮化、丑化，优秀的文化和文化传统被否定、抹杀，民族独立的历史被嘲弄、糟蹋，这个民族是强大不起来的。建设中国特色社会主义是中国人民的共同理想，这是近代中国的历史性选择，是实现国家富强、民族振兴的唯一正确道路，具有极大的凝聚力。中国人民行进在社会主义道路上已经半个多世纪了。70多年来，中国社会发生了翻天覆地的变化，一个极度贫弱、任人宰割的旧中国已经变成了一个全面建成小康社会、令世人举世瞩目的新中国，这是中国人民引以为豪的伟大成就。然而，历史虚无主义者以阴暗、仇恨的心理看待人民革命和中华人民共和国的历史。他们把党和共和国历史上的许多重大事件都加上"左"的罪名；他们利用党和共和国所经历曲折，把错误无限扩大、上纲上线，借以否定中国共产党领导中国人民取得民主革命、社会主义革命、社会主义建设和改革开放伟大成就这一历史的主体。他们否定中国走上社会主义道路的历史必然性，散布社会主义失败论，颠倒是非，混淆视听。如果听任其发展下去，就会动摇中国人民的共同理想，摧毁近代中国苦苦追求的国家富强、民族复兴的伟大事业。

历史虚无主义不但颠倒了历史，而且也搞乱了人们的世界观、人生观和价值观。科学的历史观对于人们确立正确的世界观、人生观和价值观关系极大。对历史的颠倒，必然会导致是非、美丑、荣辱标准的颠倒。这种是非判断标准的颠倒，会在社会上造成极大的思想混乱，而社会思想混乱进而就可能会造成政治上的动乱。在苏联解体的过程中，否定和颠倒历史大行其道，从全盘否定斯大林，到全盘否定列宁和十月革命，把社会主义说得一无是处，这是最终导致苏联解体的一个重要原因。这个惨痛的历史教训值得我们认真汲取。敌对势力从来没有放弃西化、分化我国的战略企图，他们一方面以经济、政治、思想和文化渗透为主要形式,渗透、传播西方资产阶级的政治模式、经济模式、价值观念和生活方式,培养对于西方的盲目崇拜;另一方面,通过丑化社会主义国家的历史和现实,妖魔化社会主义制度。

我们必须清醒地看到,历史虚无主义企图从根本上动摇社会主义中国的立国之本和强国之路。历史虚无主义思潮攻击的主要方向,就是诋毁和否定中国社会发展的社会主义取向。而新中国的诞生和社会主义制度的确立,正是中国共产党领导的人民革命的产物,如果人民革命这个前提被否定了,社会主义制度也就失去了存在的基础。中国人民经过长期艰难曲折的革命斗争,终于在中国建立了社会主义的基本制度和人民民主专政的国家政权,确立了中国共产党的执政地位和马克思主义的指导地位。这些基本原则已为我国的宪法所确认,成为维系国家团结和奋进的政治制度和原则立场。同样,改革开放是中国共产党在新的历史条件下带领人民进行的伟大革命,实现国家现代化的强国之路。改革开放是为了推动我国社会主义制度的自我完善和发展,赋予社会主义新的生机活力。因此,必须把坚持四项基本原则和改革开放有机地统一起来。在改革开放过程中,旗帜鲜明地坚持四项基本原则,同各种怀疑和否定四项基本原则的错误思潮进行不懈的斗争。十九届四中全会进一步明确:实现中国治理体系和治理能力现代化是基于坚持和完善中国特色社会主义制度的"中国之治",我们要坚定信心、保持定力、实现历史使命。

坚持唯物史观,反对历史虚无主义思潮,将是一个长期的重要任务。我们要旗帜鲜明地反对历史虚无主义思潮,通过摆事实、讲道理,揭穿历史虚无主义制造的种种谎言和迷雾,引导广大群众正确认识和对待历史,维护中国革命的伟大成果,坚定不移地走中国特色社会主义道路。第一,用辩证唯物主义和历史唯物主义的历史观全面、系统、发展地研究历史和现实,既要给历史研究宽松的环境,也要将真实历史用人民群众喜闻乐见的形式展现出来,正史以正人心,对历史虚无主义给予毫不留情的批判,揭露其真实诉求,不给历史虚无主义预留生存空间。第二,坚持以马克思主义为指导,全面总结和吸收古今中外的优秀文化，为改革开放和中国特色社会主义建设服务，全面坚持社会主义核心价值观，对"侵略有功论""中国文明西来说"等历史虚无主义观点给予有力回击。第三，在改革开放发展中，要防止西方腐朽思想的侵蚀和敌对势力的渗透，练好内功，防止上当，警惕某些历史虚无主义者扮演起"和平演变"代理人的角色。第四，坚持道路自信、理论自信、制度自信、文化自信，树立正确的理想信念，不为历史虚无主义存在和发展提供思想空间。第五，必须充分重视意识形态的极端重要性，不但要引导历史研究坚持以唯物史观为指导，而且要督促和引导网络和新媒体采取自律措施，杜绝歪曲历史和丑化英雄等支持历史虚无主义的事情发生，保障社会主义文化传播，唤起青年人认真学习历史、正确认识历史，热爱祖国，献身于中华民族伟大复兴的宏伟事业中去。

3. 创新军工文化教育

中国进入建设中国特色社会主义新时代，更加需要创新军工文化教育，需要从理论到实践进行研究、探索和践行。

红色文化是传家宝，新时代创新军工文化教育，需要围绕红色文化记忆的当代价值来展开。文化记忆是以关于集体起源的历史文化为记忆对象，目的是要论证集体现状的合理性，从而达到巩固集体的主体同一性的精神活动和传承实践。文化记忆的传承遵循着特定形式和系统展示方式。近现代以来，中国共产党带领中国人民形成了内涵丰富、积淀深厚的红色文化，包括人民军工文化。红色文化记忆是红色文化传承发展的主要形式，包含两个层面：外显符号和内在意义。红色文化记忆以红色文化体系作为记忆的主体，以一系列革命文献、革命遗址、文学文艺作品、革命歌曲和文物、纪念地、革命根据地、重要历史人物和重大历史事件、纪念仪式以及凝结在其中的革命精神、革命传统、价值理念和制度规范等文化系统为载体。这些代表了中国共产党及其领导的人民革命、代表了革命政权和共产主义信仰、代表了革命者为人民谋幸福的流血牺牲、代表了中国共产党人的价值追求和精神境界，这些记载了中华民族在近代历史上经历的不幸与苦难、光荣与梦想，将过去、现在与未来紧密联系，构成了中国人民近百年的集体记忆。

新时代深化红色文化记忆具有重大现实意义。红色文化记忆是中国共产党及其领导的革命、建设和改革成功经验的历史积淀，具有鲜明的时代主题，有着不可替代的时代价值。在当前世界经济文化融合与冲突并存的时代，深化红色文化记忆，对抵御历史虚无主义、坚定新时代文化自信、彰显中国特色、增强价值认同有极其重要的现实意义。第一，深化红色文化记忆可以有效抵御历史虚无主义。红色文化记忆是辩证唯物主义和历史唯物主义的结合，深刻印证着中国共产党执政的历史必然性、政治正当性、现实合法性和发展成就性。深化红色文化记忆既能揭露历史虚无主义的虚伪性和反动目的，更能正本清源，破除历史虚无主义之弊。第二，深化红色文化记忆有利于坚定文化自信。习近平同志一直强调要树立起坚定的文化自信，并指出文化自信是更基础、更广泛、更深厚的自信。红色文化扎根于中国文化的沃土之中，是在马克思主义指导下的近代中国革命、建设和改革的伟大历史经验结晶。深化红色文化记忆可以振奋中国人民的精神，让中国文化勃发新的生机，成为中国文化自信的坚固底色。第三，深化红色文化记忆能够极大彰显中国特色。红色文化在各个历史时期都绽放出中国特有的风采，如红船精神、井冈山精神、抗战精神、西柏坡精神、改革开放精神及"两弹一星"精神等。深化红色文化记忆能够全面彰显中国共产党带领中国人民取得的巨大成就和近代以来中国发展进步的历史轨迹。这一历史轨迹在近代世界历史上是中国独有的，由此造就了中国特色社会主义制度和道路，也成功谱写出人类历史文化记忆的独特篇章。第四，深化红色文化有利于增强价值认同。红色文化记录了中华民族近现代百年的历史沧桑，展现了自1921年以来，中国共产党人坚持价值理念，不忘初心、牢记使命，带领全国各族人民浴血奋战、艰苦奋斗，致力于寻求民族独立和人民解放，实现中华民族伟大复兴进程的宏伟画卷；见证了中国共产党历经革命、建设和改革，从领导人民为夺取全国政权而奋斗到掌握全国政权并长期执政的历史过程。深化红色文化记忆可以通过唤起、重现、固化和刻写等方式，立足当下，对中国共产党的革命精神和革命传统进行弘扬。深化红色文化记忆的核心内容就是增强对中国共产党价值理念的认同，增强对习近平新时代中国特色社会主义思想践行的自觉，弘扬中国人民在长期奋斗中培育、继承、发展起来的伟大民族精神。中国的伟大民族精神包括伟大创造精神、伟大奋斗精神、伟大团结精神和伟大梦想精神。

深化红色文化记忆，新时代要有新举措。人们的记忆并非一成不变，红色文化记忆会随着时间的流逝而逐渐淡化，其价值功效因此而受到影响。进入中国特色社会主义新时代，深化红色文化记忆，需要方法得当、措施有力。一是要充分利用红色文化记忆的符号资源。红色文化记忆作为特殊的"历史积淀"，不是纯粹的历史回顾，更不是简单的信息复制，而是一种价值符号的传递。红色文化记忆的符号资源非常丰富，如庄严神圣的嘉兴南湖红船、雄伟壮丽的人民英雄纪念碑、慷慨激昂的入党誓词、具体生动的各类革命教育基地等，都是需要充分挖掘、保存和妥善利用的珍贵符号资源。组织红色旅游、重温入党誓词、观看红色文艺作品、举行升旗仪式、举办革命传统讲座等，都是充分利用红色文化记忆符号资源的好方式，应予以大力鼓励和支持开展。二是要注重发挥红色文化记忆的情感效应。理论学习、以理服人固然重要，情感教育、以情动人之效果也绝不能忽视。情感是人们价值观形成统一性的基础，与理论学习相比，情感教育具有自己的独特优势。情从实事求是中来。中国共产党在领导人民进行革命、建设和改革的过程中涌现出了无数感人至深的英雄人物事迹，是进行情感教育的最好素材。以多种方式大力宣传英雄人物事迹，就是深化红色文化记忆，强化以情感人、以情动人的最佳实践。三是要大力强化红色文化记忆的场域体验。场域体验是深化红色文化记忆的重要形式，它主要通过还原历史情节和历史场景，使人们的共同记忆在不断重复中得到固化，从而由"让我这样记忆"转化为"我要这样记忆"。强化红色文化记忆的场域体验形式多样，如参观革命战争时期的遗迹遗址、重走长征路、举行国家公祭仪式、听老前辈口述创业历史等。在亲自体验中，将蕴含伟大历史经验的场域观感，内化为个体对中国共产党和国家的认同，并外化为实际行动，实现知与行的合一。四是要恰当融合红色文化记忆的时代元素。红色文化记忆蕴含着优质的社会主义文化基因,直接表征着中国共产党领导中国人民取得的伟大成就,具有跨越时空的宝贵价值。这就需要我们在兼顾红色文化价值本真的同时,结合新时代新形势,融合时代元素,将红色文化记忆融入现代社会智慧成果之中,通过更加生动形象的表达方式,增强红色文化记忆的时代魅力。

(三) 传承发展军工文化于青年军工人

传承发展军工文化,使青年军工人全面提升素质,努力担当起重任——建设"世界一流"国防科技工业体系,实现强军梦、强国梦的历史使命。

1. 坚定理想信念,养成正确价值观

习近平同志反复强调,理想指引人生方向,信念决定事业成败,广大青年军工人一定要坚定理想信念。没有理想信念,就会导致精神上缺"钙"。习近平同志多次指出,青年一代有理想、有担当,国家就有前途,民族就有希望。历史和现实证明,中国青年追求理想的高度决定着中华民族未来发展的高度,坚定信念的程度影响着中国特色社会主义事业发展的进度。建设中国特色先进国防科技工业体系是一项创新事业,需要青年军工人坚定理想信念,以党的旗帜为旗帜,以党的方向为方向,以党的意志为意志,树立永远跟党走的理想信念。

习近平同志多次指出,社会主义核心价值观具有深厚的历史底蕴和坚实的社会基础,是当代中国精神的集中体现,是保持民族独立性的重要支撑。青年的价值取向决定了未来整个社会的价值取向,而青年又处在价值观形成和确立的时期,抓好这一时期的价值观养成十分重要。青年军工人要成为社会主义核心价值观和军工精神的坚定信仰者、积极传播者、模范践行者,引领知识学习,引领道德建设,引领创新工作。

2. 形成科学思维,勇于创新创造

习近平同志指出,思维能力是人类认识世界、改造世界能力的最直接体现,青年时期是培养训练科学思维方法和思维能力的关键时期,学会用正确的立场观点方法分析问题,善于把握历史和时代的发展方向,善于把握社会生活的主流和支流、现象和本质。青年养成了历史思维、

辩证思维、系统思维、创新思维的习惯，将终身受用。青年军工人要掌握科学的思维方法，学会思考、学会分析、学会选择、学会创新。

习近平同志多次强调：青年是社会上最富活力、最具创造性的群体，理所当然应该走在创新创造的前列，做锐意进取、开拓创新的时代先锋；青年富有想象力和创造力，是创新创业的有生力量，要敢于做先锋，而不做过客、当看客。青年军工人，要有敢为人先的锐气，勇于解放思想、与时俱进，敢于上下求索、开拓进取，树立在继承前人的基础上超越前人的雄心壮志；要扎根中国大地了解国情民情，在创新创业中增长智慧才干。"苟日新，日日新，又日新。"国防科技工业是国家科技创新的高地，是培养创新人才的重要阵地。青年军工人要在建设中国特色先进国防科技工业体系中，勇于创新创造。

3. 磨炼意志品质，敢于责任担当

习近平同志明确指出，青年要把远大志向变成现实，必须有锲而不舍、自强不息的奋斗精神，青年要迈稳步子，夯实根基，久久为功。青年军工人要培养奋勇争先的进取精神，历练不怕失败的心理素质，保持乐观向上的人生态度，敢于面对各种困难和挫折；要正确对待一时的成败得失，处优而不养尊，受挫而不短志，使顺境逆境都成为人生的财富而不是人生的包袱。

习近平同志指出：国家的前途、民族的命运、人民的幸福，是当代中国青年必须和必将承担的重任；每一代青年都有自己的际遇和机缘，都要在自己所处的时代条件下谋划人生、创造历史；紧跟时代砥砺前行，担当责任奋发有为是我国青年的光荣传统，也是党和人民对广大青年的殷切期望。青年军工人要勇于担当使命，增强责任意识，立足军工，牢固树立对人民的感情、对社会的责任、对国家的忠诚，为建设中国特色先进国防科技工业体系不懈努力。

4. 做到勤学苦练，练就过硬本领

习近平同志强调，青年时代是学习的黄金时期，应该把学习作为首要任务，作为一种政治责任、一种精神追求、一种生活方式，树立梦想从学习开始、事业靠本领成就的观念，让勤奋学习成为青春远航的动力,让增长本领成为青春搏击的能量。学习贵在勤奋,贵在钻研,贵在有恒。青年军工人要静心学习,刻苦钻研,加强磨炼,求得真学问、练就真本领,系统形成知识体系。

习近平同志多次强调:青年要成长为国家栋梁之材,要读万卷书、行万里路,既多读有字之书,也多读无字之书,注重学习人生经验和社会知识,注重在实践中加强磨炼、增长本领;要不怕困难、攻坚克难,到基层、到西部、到祖国最需要的地方去,做成一番事业、做好一番事业。攀登国防科技工业创新的高峰,需要青年军工人找准平台和路径,在以祖国需要为实践创造中,练就过硬本领,寻求更多的发展机会,实现自己的人生价值。

新时代,新目标,新征程,军工文化传承发展任重道远。军工人将不忘初心,继往开来,敢于担当,创新前行,传承和发展军工文化,为建设中国特色先进国防科技工业体系,实现强国梦、强军梦做出更大贡献。

参 考 文 献

[1] 编委会. 中国军事百科全书 [M]. 北京：军事百科出版社，1997.
[2] 编委会. 国防科技名词大典 [M]. 北京：航空出版社，兵器工业出版社，原子能出版社，2002.
[3] 巴丁. 战神浴火——国防科技史话 [M]. 北京：海洋出版社，2013.
[4] 王新哲，孙星，罗民. 工业文化 [M]. 北京：中国中信出版集团，电子工业出版社，2016.
[5] 编委会. 中国航天文化的发展与创新 [M]. 北京：北京大学出版社，2016.
[6] 编委会. 中国航天事业发展的哲学思想 [M]. 北京：北京大学出版社，2016.
[7] 编委会. 中国航天事业的 60 年 [M]. 北京：北京大学出版社，2016.
[8] 谈凤奎. 中国航天文化 [M]. 广州：华南理工大学出版社，2001.
[9] 曾良才. 集团战略与文化 [M]. 北京：航空工业出版社，2012.
[10] 刘洪德. 企业文化方略——中航工业集团文化纵谈 [M]. 北京：航空工业出版社，2011.
[11] 王旭东、韩建昌. 大家的天空——航空文化与通用航空 [M]. 北京：航空工业出版社，2011.
[12] 国家国防科工局. 军工记忆 [M]. 北京：中央电视台.
[13] 国家国防科工局. 三线风云 [M]. 北京：北京理工大学出版社，2016.
[14] 李金铎. 抗战军工的历史功绩彪炳史册 [J]. 国防科技工业，

2015（8）.

[15] 张华龙. 担当起军工文化建设的历史责任［J］. 国防科技工业，2012（04）.

[16] 张丽清. 文化概念研究的几种路向及其分析［J］. 新视野，2012（5）.

[17] 梁清文. 国防科技工业若干重大问题研究［M］. 北京：兵器工业出版社，2000.

[18] 姬文波. 从"多头分散"到"集中统一"［J］. 国防科技工业，2018（7）.

[19] 刘永谋，赵平. 析军工文化特色［J］. 北京理工大学学报（社会科学版）2007（4）.

[20] 刘存福. 论军工文化［M］. 北京：北京理工大学出版社，2016.

[21] 邸乃庸. 梦圆天路［M］. 北京：中国宇航出版社，2011.

[22] 孙勤. 核铸强国梦——见证中国"两弹一艇"的研制［M］. 北京：中国社会科学出版社，2013.

[23] 杜人淮. 中国特色军事工业发展壮大的历史经验［J］. 军事历史研究，2012（3）.

[24] 国防科技工业军工文化建设协调小组. 军工文化论文集［M］. 北京：北京理工大学出版社，2006.

[25] 侯彦峰，杨文选. 中国新型工业化道路的科学内涵和基本特征［J］. 生产力研究，2013（6）.

[26] 张应杭，蔡海榕. 中国传统文化概论［M］. 上海：上海人民出版社，2001.

[27] 易中天. 中国智慧［M］. 上海：上海文艺出版社，2011.

[28] 十六大以来重要文献选编［M］. 中央文献出版社，2006.

[29] 马兴瑞. 为实现中国梦大力弘扬军工精神［J］. 国防科技工业，2013（8）.

[30] 唐洲雁. 深刻理解和准确把握中国特色社会主义走进新时代［J］. 东岳论丛，2018（1）.

［31］刘建军．试论中国特色社会主义新时代的历史起点［J］．思想理论教育，2017（12）．

［32］顾海良．历史视界时代意蕴理论菁华——习近平新时代中国特色社会主义思想研究［J］．当代世界与社会主义（双月刊）2017（6）．

［33］韩庆祥，陈曙光．中国特色社会主义新时代的理论阐释［J］．中国社会科学，2018（1）．

［34］陶文昭．论中国特色社会主义新时代［J］．教学与研究，2017（12）．

［35］王刚．论新时代中国特色社会主义的逻辑理路［J］．南京社会科学，2018（4）．

［36］王伟光．当代中国马克思主义的最新理论成果——习近平新时代中国特色社会主义思想学习体会［J］．中国社会科学，2017（12）．

［37］刘景泉，肖光文．当代世界格局与中国特色社会主义新时代［J］．南开学报（哲学社会科学版）2018（1）．

［38］谢晓光，王陈生．总体国家安全观的中国特色与实践［J］．唯实，2018（2）．

［39］马强．当代中国总体国家安全观研究［J］．辽宁大学，2017．

［40］王瑞香．论总体国家安全观视野中的国家文化安全［J］．社会主义研究，2016（5）．

［41］姜铁军．全面贯彻习近平强军思想，坚持走中国特色强军之路［J］．国防，2017（10）．

［42］刘光育，马鑫博．以军事文化创新推动深化国防和军队改革［J］．南京政治学院学报，2015（6）．

［43］张纪海，乔静杰．军民融合深度发展模式研究［J］．北京理工大学学报（社会科学版），2016（9）．

［44］孙健慧．国防工业协同创新系统研究［J］．天津大学，2016．

［45］郭德宏．中国马克思主义发展史［M］．北京：中共中央党校出版

社，2001.

[46] 郭克莎. 中国经济发展进入新常态的理论根据——中国特色社会主义政治经济学的分析视角［J］. 经济研究，2016（9）.

[47] 张克俭. 奋力谱写新时代国防科技工业创新发展新篇章［J］. 国防科技工业，2018（6）.

[48] 纪建强，周长峰. 论建设新时代中国特色先进国防科技工业体系［J］. 毛泽东邓小平理论研究，2018（1）.

[49] 樊友星，钱林勇，胡媛媛. 西方国家军工企业文化的内涵及其特征研究［J］. 东方企业文化，2015（3）.

[50] 肖贵清，张安. 关于坚定中国特色社会主义文化自信的几个问题［J］. 当代世界与社会主义，2018（1）.

[51] 刘永谋，赵平. 谈军工文化先进性［J］. 北京理工大学学报（社会科学版），2007（10）.

[52] 李赫亚，赵平. 军工文化引领和推动军工企业文化建设［J］. 管理，2008（7）.

[53] 邹广文. 当代文化哲学［M］. 北京：人民出版社，2007.

[54] 叶险明. "文化全球化"辨析［J］. 河北学刊，2001（7）.

[55] 刘东超. 全球化时代与当代中国文化［J］. 南阳师范学院学报（社会科学版），2003（2）.

[56] 金民卿. 文化全球化与多元化的全球文化体系［J］. 天津社会科学，2004（2）.

[57] 申琰. 网络媒介对全球文化的影响和冲击［J］. 科技传播，2010（2）.

[58] 朱运来. 全球文化多元化趋势对我军文化建设的影响与对策［J］. 军队政工理论研究，2006（4）.

[59] 任成金，潘娜娜. 西方文化输出及其对我国文化自信的影响［J］. 马克思主义研究，2018（2）.

[60] 吴巍. 新媒体环境下的企业舆情危机应对［J］. 国防科技工业，2017（3）.

[61] 王晓丽、王俊飞．改革开放40年来关于革命文化概念、价值、发展的研究［J］．湖北社会科学，2018（7）．

[62] 沈成飞、连文妹．论红色文化的内涵、特征及其当代价值［J］．教学与研究，2018（1）．

[63] 贺善侃．文化·创新文化·自主创新［J］．中共浙江省委党校学报 2009（1）．

[64] 许玉乾．创新文化：建设创新型国家的新课题［J］．探索，2006（3）．

[65] 吴金希．创新文化：国际比较与启示意义［J］．清华大学学报（哲学社会科学版），2012（5）．

[66] 王刚，马孟庭．论新时代坚定文化自信的方法与理路［J］．思想理论教育，2018（4）．

[67] 刘松．革命文化是文化自信的精神支柱［J］．山东干社会科学，2018（2）．

[68] 刘玉霞．价值引领：文化自信的功能定位［J］．理论月刊，2018（1）．

[69] ［美］詹姆斯·罗尔．媒介、传播、文化：一个全球性的途径［M］．北京：商务印书馆，2012．

[70] 肖周录，袁鹏．军工企业核心价值观教育的内容及其社会价值——以青年员工为视角［J］．教育与人才，2016（4）．

[71] 王迎春．中国特色社会主义文化发展研究［D］．吉林大学，2013．

[72] 许明．用新的理念推进当代中国的文化发展［J］．上海大学学报（社会科学版），2010（9）．

[73] 百度百科等相关网站．